IDÉOLOGIE ET RATIONALITÉ

À LA MÊME LIBRAIRIE

CANGUILHEM G., *Études d'histoire et de philosophie des sciences concernant les vivants et la vie*, 1994.

CANGUILHEM G., *La connaissance de la vie*, 1992.

CANGUILHEM G., *La formation du concept de réflexe aux XVII e et XVIII e siècles*, 1994.

ŒUVRES COMPLÈTES de Georges CANGUILHEM :

Tome I : *Écrits philosophiques et politiques (1926-1939)*, textes édités, introduits et annotés sous la direction de J.-Fr. Braunstein et Y. Schwartz, 2011.

Tome II : *Écrits de médecine et de philosophie Les thèses,* textes édités, introduits et annotés sous la direction de Cl. Debru et A. Fagot-Largeault, 2021.

Tome III : *Écrits d'histoire des sciences et d'épistémologie*, textes édités, introduits et annotés par C. Limoges, 2019.

Tome IV : *Résistance, philosophie biologique et histoire des sciences 1940-1965*, textes édités, introduits et annotés par C. Limoges, 2015.

Tome V : *Histoire des sciences, épistémologie, commémorations 1966-1995*, textes édités, introduits et annotés par C. Limoges, 2018.

BIBLIOTHÈQUE DES TEXTES PHILOSOPHIQUES

GEORGES CANGUILHEM

IDÉOLOGIE ET RATIONALITÉ
DANS L'HISTOIRE
DES SCIENCES DE LA VIE

Nouvelles études d'histoire
et de philosophie des sciences

Deuxième édition revue et corrigée

LIBRAIRIE PHILOSOPHIQUE J. VRIN
6, Place de la Sorbonne, Vᵉ

PARIS

Les références données en marge de la présente édition renvoient à la première édition, Paris, Vrin, 1977.

© *Librairie Philosophique J. VRIN*, 1977
2009, *pour la présente édition poche*
Imprimé en France
ISSN 0249-7972
ISBN 978-2-7116-2204-7

www.vrin.fr

Se tromper est humain, persévérer dans l'erreur est diabolique. Ce n'est pas à moi de dire à quel degré d'aberration s'élèvent les quelques textes que je me décide à réunir en vue d'une nouvelle publication. Je suis assurément trop vieux pour renier, en manière d'amende honorable et d'allégeance à de nouvelles puissances d'investiture épistémologique, les quelques axiomes méthodologiques que j'ai empruntés, il y a environ quarante ans, pour les faire valoir à ma façon et à mes risques, non sans amendement, réexamen ou aiguillage.

L'introduction, à partir de 1967-1968, dans mon enseignement ou dans quelques articles et conférences, du concept d'idéologie scientifique, sous l'influence des travaux de Michel Foucault et de Louis Althusser, n'était pas seulement une marque d'intérêt et d'acquiescement accordée à ces contributions originales en déontologie de l'histoire des sciences. C'était une façon de rafraîchir, sans la rejeter, la leçon d'un maître dont j'avais lu les livres, faute d'avoir pu suivre les cours, la leçon de Gaston Bachelard dont, quelques libertés qu'ils aient prises avec elle, mes jeunes collègues s'étaient, en fait, inspirés et fortifiés.

Je ne pense donc pas que le lecteur des premières *Études d'histoire et de philosophie des sciences* puisse trouver dans les textes qui suivent les signes d'une inflexion ou d'une évolution. Quant à savoir si mon indifférence à la gestation d'une histoire qui substituerait au partage des sciences et des idées, c'est-à-dire de la littérature, leur intussusception réciproque, me vaudrait ou non la qualification de fossile conceptualiste, je dois avouer n'en avoir cure. Lorsque, dans son petit coin d'investigations, on a reconnu la discontinuité en histoire, on serait mal venu de refuser la discontinuité en histoire de l'histoire. À chacun sa discontinuité. À chacun ses révolutions du globe savant.

10 | Par contre, j'aimerais bien pouvoir répondre à une question qui ne m'est posée que par moi-même. L'auteur de *L'Archéologie du Savoir*, dont les analyses relatives à l'idéologie scientifique m'ont été bien utiles, distingue dans l'histoire du savoir plusieurs seuils de transformation : seuil de positivité, seuil d'épistémologisation, seuil de scientificité, seuil de formalisation (p. 243-247). Je ne suis pas sûr d'avoir, dans les études que je publie, bien distingué, comme le souhaiterait Michel Foucault, les différents seuils franchis par les disciplines dont j'esquisse l'histoire. Il me semble, en tout état de cause, qu'aucune d'entre elles, hors la prétention de quelques généticiens, n'est parvenue à franchir le seuil de la formalisation [1]. Mais je crois, à la différence de M. Foucault (p. 245) que la médecine expérimentale bernardienne et la microbiologie pastorienne ne sont pas à égalité dans l'insuffisance de leur contribution à la scientificité de la médecine clinique. Je consens très volontiers au reproche de n'avoir pas

---

1. *Cf.* les travaux de J.H. Woodger, *Axiomatic Method in Biology*, Cambridge, 1937, « Formalization in Biology », *Logique et Analyse*, nouvelle série, n° I, août 1958.

clairement distingué des seuils de transformation. Mais la médecine et la biologie, au XIXe siècle, se prêtent plus mal que ne le ferait, par exemple, la chimie de la même période, à la dissection épistémologique des conditions de leurs « progrès ». Ne peut-on soutenir toutefois que la médecine physiologique de Claude Bernard offre à considérer le cas d'une recherche dont l'épistémologisation, par son propre auteur, féru de philosophèmes, est plus « avancée » ou plus « forte » que la positivité même? Alors qu'inversement Pasteur, chimiste et non médecin, s'attache avant tout à la positivité de ses recherches, sans trop se préoccuper de la cohérence de leur épistémologisation [1].

Il est d'ailleurs possible que mes analyses soient insuffisamment fines et rigoureuses. Je laisse à décider s'il s'agit de réserve, de paresse ou d'incapacité.

G.C.
Juin 1977

---

1. *Cf.* F. Dagognet, *Méthodes et doctrine dans l'œuvre de Pasteur*, Paris, PUF, 1967, conclusion.

LE RÔLE DE L'ÉPISTÉMOLOGIE DANS L'HISTORIOGRAPHIE SCIENTIFIQUE CONTEMPORAINE

À qui entreprend d'examiner les rapports entre épistémologie et histoire des sciences une première constatation s'impose, et ce fait lui-même est instructif pour une position correcte de la question. C'est qu'à l'heure actuelle on dispose, en cette matière, de plus de manifestes ou de programmes que d'échantillons. Au regard du recensement des intentions, le bilan des réalisations est maigre.

Face à l'histoire des sciences, discipline qui a elle-même une histoire, l'épistémologie se trouve dans une situation fausse, à première vue. Sous le rapport de la chronologie, l'histoire des sciences ne doit rien à cette sorte de discipline philosophique que, depuis 1854, semble-t-il, on nomme épistémologie[1]. L'*Histoire des Mathématiques* de Montucla (1758), l'*Histoire de l'Astronomie* de Bailly (1775-1782), le *Versuch einer pragmatischen Geschichte der Arzneikunde* de

---

[1]. *Cf.* J.F. Ferrier, *Institutes of Metaphysics. Epistemology* est inventé pour être opposé à *ontology*.

Kurt Sprengel (1792-1803) sont des ouvrages composés hors de toute référence à un système de concepts critiques ou normatifs. Sans doute, tous ces travaux procédaient-ils, même **12** sans conscience réflexive | revendiquée par chacun de leurs auteurs, d'une conscience d'époque, impersonnellement thématisée dans la doctrine de la perfectibilité indéfinie de l'esprit humain, s'autorisant d'une succession assez continue de révolutions en cosmologie, mathématique et physiologie, opérées par Copernic, Galilée, Descartes, Harvey, Newton, Leibniz, Lavoisier, pour n'anticiper les progrès scientifiques à venir que sous l'aspect de la continuité. Si Sprengel, dans l'Introduction à son *Histoire de la Médecine*, fait expressément allusion, en raison de la date 1792, à la philosophie critique, c'est comme à une doctrine dont quelques médecins ont été imprégnés, au même titre qu'il y eut autrefois des médecines dogmatiques, empiriques ou sceptiques, et nullement comme à un instrument nouveau et efficace de valorisation ou de dévalorisation des procédés du savoir. Il serait donc parfaitement vain de reprocher à des historiens des sciences du XVIIIe et du XIXe siècles de n'avoir mis en œuvre aucun des concepts que des épistémologues s'efforcent aujourd'hui de faire valoir, auprès de qui pratique et produit l'histoire des sciences, comme règles d'écriture ou de composition.

Or, parmi ces historiens, ceux qui supportent mal le regard dirigé par l'épistémologie vers leur discipline ne manquent pas de faire remarquer que, nourrie elle-même d'histoire des sciences, l'épistémologie n'est pas fondée à prétendre rendre plus qu'elle n'a reçu et à réformer en principe ce dont elle procède en fait. Cette acrimonie n'est pas sans quelque rapport, vague ou lâche, avec l'ancienne correspondance établie entre les disciplines et les facultés de l'âme. Histoire relèverait de Mémoire. Mais on doit se demander de quel côté se trouve l'ambition la plus exorbitante. N'est-il pas plus prétentieux de se prendre pour une mémoire que de prétendre exercer un jugement? Du côté du jugement, l'erreur est un accident possible, mais du côté de la mémoire l'altération est d'essence. Des reconstitutions propres à l'histoire des sciences il faut dire ce qui a été déjà dit des reconstitutions en d'autres domaines de l'histoire – politique, diplomatique, militaire, etc. ... –, à savoir que, contrairement à l'exigence de Leopold Ranke, l'historien ne saurait se flatter de présenter les choses comme elles se sont réellement passées (*wie es eigentlich gewesen*).

On a souvent commenté le mot de Dijksterhuis, selon lequel l'histoire des sciences n'est pas seulement la mémoire de la science mais | aussi le « laboratoire » de l'épistémologie [1]. **13** Du fait qu'une élaboration n'est pas une restitution, on peut conclure que la prétention de l'épistémologie à rendre plus qu'elle n'a reçu est légitime. Il s'agit pour elle, en déplaçant le pôle de l'intérêt, de substituer à l'histoire des sciences les sciences selon leur histoire. Ne prendre pour objet d'étude que des questions de sources, d'inventions ou d'influences, d'antériorité, de simultanéité ou de succession reviendrait, au fond, à ne pas faire de différence entre les sciences et d'autres aspects de la culture. Une histoire des sciences, pure de toute contamination épistémologique, devrait réduire une science, à un moment donné, par exemple la physiologie végétale au XVIIIe siècle, à un exposé des rapports chronologiques et logiques entre différents systèmes d'énoncés relatifs à quelques classes

---

1. « The History of Science forms not only the memory of science, but also its epistemological laboratory », *The Origins of Classical Mechanics*, dans *Critical Problems in the History of Science*, M. Clagett (ed.), 1959, 2e éd. Madison, 1962.

de problèmes ou de solutions. La valeur respective des historiens serait alors mesurée par l'ampleur de l'érudition et par la finesse d'analyse des rapports, analogies ou différences, établis entre les savants. Mais cette diversité des histoires ne modifierait en rien leur rapport commun à ce dont elles se diraient l'histoire. L'histoire pure de la botanique au XVIIIᵉ siècle ne peut comprendre sous le nom de botanique rien de plus que ce que les botanistes de l'époque se sont assigné comme leur domaine d'exploration. L'histoire pure réduit la science qu'elle étudie au champ d'investigation qui lui est désigné par les savants de l'époque, et au genre de regard qu'ils portent sur ce champ. Mais cette science du passé est-elle un passé de la science d'aujourd'hui? Voilà une première question, peut-être fondamentale. Essayons de la poser correctement, à propos de l'exemple invoqué ci-dessus.

Pris absolument, le concept de *passé d'une science* est un concept vulgaire. Le passé est le fourre-tout de l'interrogation rétrospective. Qu'il s'agisse de la figure de la terre, de l'hominisation de l'homme, de la division du travail social ou du délire alcoolique de tel individu, la recherche des antécédents de l'actualité, plus ou moins étalée ou abrégée, selon les moyens et les besoins du moment, nomme passé sa condition d'exercice et se la donne d'avance comme un tout de capacité | indéfinie. En ce sens, le passé de la physiologie végétale d'aujourd'hui comprendrait tout ce que des gens nommés botanistes, médecins, chimistes, horticulteurs, agronomes, économistes ont pu écrire, touchant leurs conjectures, observations ou expériences, quant aux rapports entre structure et fonction, sur des objets nommés tantôt herbes, tantôt plantes, et tantôt végétaux. On peut se faire une idée de cette abondance, même dans les limites d'un découpage chronologique et politique, en se rapportant au très utile inventaire que Lucien Plantefol a dressé des travaux des botanistes français dans l'Académie des Sciences, à l'occasion de son troisième centenaire [1]. Mais un inventaire de travaux antérieurs au moment où on le compose est une histoire de la botanique au sens où la botanique elle-même est d'abord une histoire, c'est-à-dire une description ordonnée, des plantes. L'histoire d'une science est ainsi le résumé de la lecture d'une bibliothèque spécialisée, dépôt et conservatoire du savoir produit et exposé, depuis la tablette et le papyrus jusqu'à la bande magnétique, en passant par le parchemin et l'incunable. Bien qu'il s'agisse là, en fait, d'une bibliothèque idéale, elle est idéalement, en droit, l'intégralité d'une somme de traces. La totalité du passé y est représentée comme une sorte de plan continu donné sur lequel on peut déplacer, selon l'intérêt du moment, le point de départ du progrès dont le terme est précisément l'objet actuel de cet intérêt. Ce qui distingue les historiens des sciences les uns des autres c'est la témérité ou la prudence dans leurs déplacements sur ce plan. On peut penser que ce que l'histoire des sciences est en droit d'attendre de l'épistémologie, c'est une déontologie de la liberté de déplacement régressif sur le plan imaginaire du passé intégral. C'est d'ailleurs, en somme, la conclusion d'une rigoureuse argumentation de Suzanne Bachelard, *Épistémologie et Histoire des Sciences*, dont on doit regretter qu'elle reste encore dissimulée dans les Actes d'un Congrès [2]. « Que l'activité de l'historien soit rétrospective lui impose des

1. Institut de France, Académie des Sciences, *Troisième Centenaire*, 1666-1966, II, *Histoire de la Botanique*, par L. Plantefol, Paris, Gauthier-Villars, 1967.

2. XIIe Congrès international d'histoire des sciences, Paris, 1968, cf. *Colloques, textes des rapports*, Paris, Albin Michel, 1968, p. 39-51.

limites mais lui donne les pouvoirs. L'historien construit son objet dans un espace-temps idéal. À lui d'éviter que cet espace-temps ne soit imaginaire ».

15 |Pour revenir à notre exemple, les botanistes du XVIIIᵉ siècle qui ont entrepris des recherches de physiologie végétale ont cherché des modèles dans la physiologie animale de l'époque et, de ce fait, se sont partagés entre physiologistes-physiciens comme Stephen Hales, et physiologistes-chimistes, comme Jean Senebier et Jan Ingenhousz. Mais parce que la physiologie végétale contemporaine utilise des méthodes d'analyse chimique et des techniques physiques, il serait pour le moins téméraire de composer une histoire où la continuité d'un projet masquerait la discontinuité radicale des objets et la nouveauté radicale des disciplines nommées biochimie et biophysique. Entre la chimie de l'oxydation et la biochimie des oxydations enzymatiques, la physiologie végétale a dû d'abord se faire physiologie cellulaire – et l'on sait assez quelles résistances a rencontrées la théorie cellulaire des organismes – et ensuite se défaire des premières conceptions de la cellule et du protoplasme pour aborder au niveau moléculaire l'étude des métabolismes. Dans sa remarquable *History of Biochemistry*[1], Marcel Florkin, reprenant de Gaston Bachelard le concept de « rupture épistémologique », montre que la substitution d'une physiologie enzymatiste à une physiologie protoplasmiste de la nutrition végétale a été l'effet théorique de la découverte par Eduard Büchner du phénomène de fermentation non-

---

1. *A History of Biochemistry*, part I and II, Amsterdam-London-New York, Elsevier, 1972, part III (« History of the Identification of the Sources of Free Energy in Organisms »), 1975. *Cf.* Introduction, *The Emergence of Biochemistry*, p. 1-20.

cellulaire (1897), incompris et longtemps refusé par les tenants du pasteurisme [1].

On voit donc pourquoi le passé d'une science d'aujourd'hui ne se confond pas avec la même science dans son passé. Pour rétablir la succession des recherches, expériences et conceptualisations, sans lesquelles seraient inintelligibles les travaux de Gabriel Bertrand (1897) sur la présence nécessaire de métaux dans la constitution des molécules d'enzymes et sur le rôle de ce qu'il a nommé « coenzyme » [2], il est sans intérêt de régresser jusqu'à Théodore de Saussure (1765-1845) | pour le comprendre dans une histoire de la nutri- 16 tion végétale. Par contre, il n'est pas sans intérêt de remonter à son contemporain Brisseau de Mirbel (1776-1854) et aux origines de la théorie cellulaire en botanique pour comprendre la fécondité heuristique de la localisation infra-cellulaire des objets de la première biochimie des enzymes. Ainsi, à la même place dans l'espace de l'exercice historique, on peut situer des événements théoriques significatifs ou insignifiants, selon le cheminement discursif dont le terme momentané doit être mis en relation de dépendance avec des départs conceptuellement homogènes, cheminements dont la progression révèle une allure propre.

À ce compte, dira l'historiographe de la science, n'est-il pas normal que l'objectif de l'épistémologue ne puisse être atteint que par le scientifique? N'est-ce pas lui qui a compé-

---

1. *Op. cit.*, part III, p. 29 : « Kohler (*J. Hist. Biol.*, 5 (1972), p. 327) has analysed the reception of Büchner's discovery by the scientific circles of the time. He does not only take into account the intellectual aspects but also the social aspects… As Kohler points out, what Büchner provided was more than a fact or a theory, it was the basis of a new conceptual system ».

2. *Ibid.*, p. 191-193.

tence pour indiquer quels sont les points d'arrivée dont l'intérêt scientifique, estimé selon le pressentiment de développements futurs, mérite d'être confirmé par la reconstitution du cheminement discursif dont il est la conclusion provisoire? L'appel à ce troisième personnage ne saurait surprendre ou gêner l'épistémologue. Il n'ignore pas que s'il y eut et s'il y a des scientifiques qui se sont délassés de leurs rapports laborieux avec la science en acte en composant des histoires narratives de leur science en repos, il y a eu et il y a des scientifiques qui ont su, à l'appui d'une épistémologie aux concepts de laquelle ils acquiesçaient, composer des histoires critiques, capables d'intervenir positivement dans le devenir de la science même. L'ouvrage d'Ernst Mach, *Die Mechanik in ihrer Entwickelung* (1883), est un exemple célèbre. Son impact sur les recherches d'Einstein est bien connu. Il a fait l'objet d'une étude historico-épistémologique dans *L'Histoire du principe de relativité* de Marie-Antoinette Tonnelat[1]. Quel épistémologue ne souscrirait à la déclaration liminaire par laquelle certaine façon d'écrire l'histoire est rejetée :

> Au risque de décevoir certains spécialistes, nous affirmerons donc qu'il n'existe pas une authentique et imperfectible Relativité dont nous nous proposerions de rechercher l'esquisse dans les premiers développements des théories scientifiques. Aucune ébauche imparfaite mais prometteuse n'attend sous le voile des ignorances et des préjugés une sorte d'investiture.
> **17** Cette idée même est antirelativiste… | Née dans la confusion de l'aristotélisme finissant, rénovée par les contradictions attachées à un insaisissable éther, *l'idée de Relativité semble chaque fois liée davantage à ce qui la suit qu'à ce qui la*

1. Paris, Flammarion, 1971.

précède[1]. Vision novatrice, elle éclaire son propre chemin et même, dans une large mesure, en définit les méandres et en détermine l'approfondissement[2].

Mais reconnaître l'existence et la valeur d'une histoire épistémologique composée par des scientifiques[3] doit-il entraîner pour l'épistémologue la renonciation au type spécifique de sa relation à l'histoire des sciences, sous prétexte qu'une relation analogue peut s'instaurer entre le scientifique et l'histoire, pour le plus grand bénéfice de celle-ci? ou bien l'épistémologue doit-il se maintenir en tiers comme partie prenante, en faisant valoir que si la relation est apparemment de même type, la motivation qui l'institue, dans son propre cas et dans le cas du scientifique, est fondamentalement différente?

Dans un tout récent ouvrage, *La Philosophie silencieuse ou Critique des philosophies de la science*[4], Jean-Toussaint Desanti, ayant d'abord pris acte de la rupture actuelle du lien des sciences à la philosophie, s'interroge sur la pertinence des questions posées par le philosophe – l'épistémologue – au scientifique concernant ses voies et moyens de production de connaissances. Parce que le discours philosophique n'est pas productif de connaissances, le philosophe est-il disqualifié pour discourir des conditions de leur production?

> Faut-il se résoudre à ne rien dire des sciences, sauf à en produire soi-même? Il s'en faut. Il est vrai que la tâche critique, celle qui

1. Souligné par nous.
2. *Op. cit.*, p. 13.
3. Par exemple F. Jacob, Prix Nobel, *La logique du vivant, une histoire de l'hérédité*, Paris, Gallimard, 1970.
4. Paris, Seuil, 1975.

consiste à annuler les discours intériorisants et reproducteurs, exige une installation dans le contenu des énoncés scientifiques. Cette « installation » ne peut être qu'une pratique. C'est là une partie, et non la moindre, de l'enseignement de G. Bachelard. Ou bien se taire sur une science, ou bien en parler de l'intérieur, c'est-à-dire en la pratiquant [1].

18   Mais il y a | pratiquer et pratiquer. Si c'est au sens où Descartes dit qu'il pratiquait sa méthode en des difficultés de mathématique [2], il peut sembler que cette sorte de pratique productive ne soit pas à la portée du philosophe, sans quoi il serait l'un des éclaireurs de l'armée des scientifiques. Reste donc que pratiquer une science, pour l'épistémologue, revienne à *mimer* la pratique du scientifique en tentant de restituer les gestes productifs de connaissances, par une fréquentation studieuse des textes originaux dans lesquels le producteur s'est expliqué sur sa conduite [3].

Comme dans sa conduite théorique un chercheur ne peut s'abstenir de s'intéresser à la frange immédiatement antérieure des recherches de même ordre, et puisqu'un bord est

1. *Op. cit.*, p. 108.

2. *Discours de la Méthode*, 3e partie.

3. *Cf. Desanti, op. cit.*, p. 17 : « On sait que Kant a mis en physique mathématique, la main à la pâte. Mais il n'est pas comme Newton, d'Alembert, Euler, Lagrange ou Laplace, du nombre de ceux qui l'ont faite. Sa relation à l'œuvre de la science n'est plus le rapport d'intériorité qu'un Leibniz avait à la mathématique ou à la logique ».

Dans son ouvrage, *Raisonnement expérimental et recherche toxicologiques chez Claude Bernard*, Mr. D. Grmek a bien montré quel parti critique on peut tirer de la confrontation entre des cahiers de laboratoire et des carnets de notes où le scientifique s'efforce de rationaliser *a posteriori* ses démarches expérimentales.

bordé lui aussi et ainsi à la suite, l'intérêt pour la science dans son histoire, même s'il n'est pas très répandu parmi les scientifiques, doit leur être reconnu naturel. Mais parce qu'il est intérieur à l'heuristique cet intérêt ne saurait s'étendre à des antécédents trop éloignés. L'éloignement est ici d'ordre conceptuel plutôt que chronologique. Tel mathématicien du XIXᵉ siècle peut se sentir plus intéressé par Archimède que par Descartes. En outre, le temps est mesuré, et l'on ne saurait accorder la même importance à l'avancement de la théorie et à l'investigation rétrospective.

À la différence de l'intérêt historique du scientifique, celui de l'épistémologue peut s'exercer sinon à plein temps, du moins en priorité. C'est un intérêt de vocation et non de complément. Car son problème c'est de parvenir à abstraire de l'histoire de la science en tant qu'elle est une succession mani-feste d'énoncés, plus ou moins systématisés, à prétention de vérité, le cheminement ordonné latent, maintenant seulement perceptible, dont la vérité scientifique présente est le terme provisoire. Mais parce qu'il est principal et non auxiliaire |l'intérêt de l'épistémologue est plus libre que celui du scienti- **19** fique. Son ouverture peut compenser son infériorité relative dans la possession et l'usage rétro-analytique des produits d'un savoir de pointe. Par exemple, l'intérêt de Sir Gavin de Beer pour une relecture de Charles Darwin[1], parallèle à la publication (1960-1967) des *Note books on Transmutation of Species*, était en partie motivé et éclairé par ses travaux d'embryologiste fondé à réviser les conceptions pré-darwinienne et darwinienne du rapport embryon-ancêtre.

---

1. *Charles Darwin, Evolution by Natural Selection*, London, 1963.

Mais lorsque Camille Limoges[1], dans son étude *La Sélection naturelle*, s'autorise des inédits de Darwin, publiés et commentés par Sir Gavin de Beer, pour contester l'assertion, plusieurs fois reprise depuis bientôt un siècle, selon laquelle Darwin devrait à la lecture de Malthus la condition d'élaboration du concept capable de coordonner intelligiblement l'ensemble de ses observations jusqu'alors, il s'agit d'une tout autre optique. Ce que conteste Limoges c'est l'utilisation du concept d'*influence*, concept vulgaire de l'historiographie usuelle. Ce qu'il cherche à illustrer, sur l'exemple de Darwin, c'est un certain mode de questionnement des textes, sans privilège accordé à ceux-là mêmes dans lesquels un auteur a cru devoir s'expliquer lui-même. La mise en rapport polémique du nouveau concept de sélection naturelle et du concept antérieur d'économie naturelle permet à C. Limoges de situer la rupture entre l'ancienne et la nouvelle histoire naturelle au niveau de la révision du concept d'adaptation, pris maintenant au sens aléatoire, dans le cadre d'observations d'ordre biogéographique ou, comme on dit désormais, écologique[2].

L'intérêt épistémologique en histoire des sciences n'est pas neuf. Nous venons de dire qu'il est de vocation. À bien regarder, l'épistémologie n'a jamais été qu'historique. Au

1. Directeur de l'Institut d'Histoire et de Politique de la Science à l'Université de Montréal.

2. Une comparaison analogue, concernant l'œuvre de Pasteur, pourrait être faite entre l'étude de R. Dubos, *Louis Pasteur, Free Lance of Science*, London, 1951, et celle de F. Dagognet, *Méthodes et doctrine dans l'œuvre de Pasteur*, Paris, PUF, 1967. Une comparaison critique de ces deux études, sous le rapport de la méthode en histoire des sciences, a été faite par Nils Roll-Hansen dans un article : «Louis Pasteur – A case against reductionist historiography», *Brit. J. Phil. Sci.* 23 (1972), p. 347-361.

moment où la théorie de la | connaissance a cessé d'être fondée **20**
sur une ontologie, incapable de rendre compte des nouvelles
références adoptées par de nouveaux systèmes cosmolo-
giques, c'est dans les actes mêmes du savoir qu'il a fallu
chercher non pas leurs raisons d'être mais leurs moyens de
parvenir. Dans la seconde Préface (1787) à la *Critique de la
Raison pure*, Kant s'est autorisé d'une histoire des sciences,
mathématique et physique, comprimée en quelques lignes,
pour justifier son projet de renversement du rapport entre le
connu et le connaître. Dans les commentaires de cette Préface
on insiste traditionnellement sur le pseudo-renversement
copernicien et l'on néglige, à tort selon nous, le sens nova-
teur des termes en lesquels Kant définit le moteur de ce qu'il
nomme les révolutions des techniques de la pensée (*Denkart*).
La mathématique – initialement Thalès ou quelque autre – doit
produire (*hervorbringen*) ses objets de démonstration ; la
physique – initialement Galilée et Toricelli – doit produire
(*hervorbringen*) ses objets d'expériences comme effet de la
marche en tête (*Vorangehen*) de la raison, c'est-à-dire de ses
initiatives. Si Kant a cru pouvoir abstraire des produits des
sciences de l'époque un tableau des contraintes et des règles
de production des connaissances qu'il jugeait définitif, cela
même est un fait culturel d'époque. Quand on pense l'histoire
de la science sous la catégorie du progrès des lumières, il est
difficile d'entrevoir la possibilité d'une histoire des catégories
de la pensée scientifique.

Il est à peine besoin de dire qu'en liant aussi étroitement
le développement de l'épistémologie à l'élaboration d'études
d'historiographie scientifique nous nous inspirons de l'ensei-

gnement de Gaston Bachelard[1]. Les concepts de base de cette épistémologie sont maintenant bien connus, peut-être même souffrent-ils d'une vulgarisation qui fait qu'on les commente ou les discute souvent, surtout à l'étranger, sous la forme banalisée, qu'on dirait aseptique, privée de la puissance polémique originelle. Ces concepts sont, rappelons-le, ceux de nouvel esprit scientifique, d'obstacle épistémologique, de rupture épistémologique, d'histoire de la science périmée ou sanctionnée. Des traductions de commentaires critiques – notamment ceux de Dominique Lecourt – plutôt que des traductions

21 de l'œuvre épistémologique elle-même, | ont fait connaître Bachelard aux lecteurs de langue italienne, espagnole, allemande et même anglaise. S'il nous fallait indiquer un texte dans lequel Bachelard lui-même condense sa recherche et son enseignement nous citerions volontiers les pages de conclusion de son dernier travail d'épistémologue, *Le matérialisme rationnel*[2]. Dans ce texte la thèse de la discontinuité épistémologique du progrès scientifique est soutenue d'arguments empruntés à l'histoire des sciences au XXe siècle, à la pédagogie de ces sciences, à la nécessaire transposition de leur langage. Bachelard termine par une variation sur le doublet *véritable-véridique*. «La science contemporaine est faite de la recherche des faits véritables et de la synthèse des lois véridiques». La véridicité ou le dire-le-vrai de la science ne consiste pas dans la reproduction fidèle de quelque vérité inscrite de toujours dans les choses ou dans l'intellect. Le vrai c'est le dit du dire scientifique. À quoi le reconnaître? À ceci

1. *Cf.* notre article «Gaston Bachelard», *Scienteziati e Technologici contemporanei*, I, p. 65-67.

2. Paris, PUF, 1953.

qu'il n'est jamais dit premièrement. Une science est un discours normé par sa rectification critique. Si ce discours a une histoire dont l'historien croit reconstituer le cours, c'est parce qu'il *est* une histoire dont l'épistémologue doit réactiver le sens.

> … Tout historien des sciences est nécessairement un historiographe de la vérité. Les événements de la science s'enchaînent dans une vérité sans cesse accrue… De tels moments de la pensée jettent une lumière récurrente sur le passé de la pensée et de l'expérience [1].

C'est cet éclairage récurrent qui doit empêcher l'historien de prendre des persistances de termes pour les identités de concepts, des invocations de faits d'observation analogues pour des parentés de méthode et de questionnement, et, par exemple de faire de Maupertuis un transformiste ou un généticien avant l'heure [2].

On voit toute la différence entre la récurrence, entendue comme juridiction critique sur l'antérieur d'un présent scientifique, assuré, précisément parce qu'il est scientifique, d'être dépassé ou rectifié, et l'application systématique et quasi-mécanique d'un modèle standard de théorie scientifique exerçant une sorte de fonction de police épistémologique sur les théories du passé. Ce que le Père Joseph T. Clark a | appelé 22

---

1. *Le matérialisme rationnel*, p. 86.
2. *Cf.* l'exposé de A. Fagot, *Le « transformisme » de Maupertuis*, et nos remarques au cours de la discussion, dans les *Actes de la Journée Maupertuis* (Créteil, 1 er décembre 1973), Paris, Vrin, 1975. Dans *Les sciences de la vie aux XVII e et XVIII e siècles* (1941), E. Guyénot va jusqu'à écrire (p. 389) : « Un généticien, Maupertuis ».

la méthode de haut en bas en histoire des sciences[1] consisterait à s'appuyer sur l'assurance, donnée par la philosophie analytique de la science, que la science est maintenant parvenue à sa maturité, que le modèle logique de la production de nouveaux résultats à venir restera ce qu'il est. En sorte que le travail de l'historien, muni d'un type achevé de théorie, consisterait à demander aux théories du passé les raisons de leur manque de maturité logique. Un modèle définitif actuel, rétroactivement appliqué comme pierre de touche universelle, n'est pas une projection sélective de lumière sur le passé, c'est une sorte de cécité pour l'histoire. C'est ce que Ernest Nagel a objecté à cette thèse[2]. En imaginant, par exemple, comment Copernic aurait pu surmonter certaines limitations de sa théorie s'il avait formalisé toutes ses assomptions, on confond possibilité logique et possibilité historique. Nagel pense que Clarke fait preuve d'une confiance dogmatique en la philosophie analytique de la science.

S'il est aisé de distinguer de la récurrence épistémologique la méthode dite du haut vers le bas, il ne l'est pas moins de distinguer de la « normalité », caractéristique selon Bachelard de l'activité scientifique[3], ce que Thomas S. Kuhn nomme « science normale »[4]. En dépit d'un certain nombre de rencontres entre les deux épistémologies, notamment en ce

---

1. « The philosophy of science and the history of science », dans *Critical Problems in the History of Science*, 1959, 2ᵉ éd., 1962, p. 103-140.

2. *Ibid.*, p. 153-161.

3. *L'activité rationaliste de la physique contemporaine* (1951), p. 3. *Cf.* également *Le rationalisme appliqué* (1949), p. 112 : « La pensée rationaliste ne "commence" pas. Elle rectifie. Elle *régularise*. elle *normalise* ».

4. *The Structure of Scientific Revolutions*, 2ᵉ éd. Chicago, 1970 – *The Copernican Revolution*, New York, 1957.

qui concerne la majoration par l'enseignement et les manuels
des preuves de continuité dans la science, et aussi en ce qui
concerne l'allure discontinue du progrès, il faut bien convenir
que les concepts de base qui semblent de même famille ne se
réclament pas en fait de la même lignée. Cela a été vu et dit
par le P. François Russo, dans un article bien documenté,
Épistémologie et Histoire des Sciences[1], où malgré quelques
réserves concernant la revendication | de supériorité parfois **23**
propre à l'histoire épistémologique, l'auteur décèle chez Kuhn
une méconnaissance de la rationalité spécifiquement scientifique. En dépit du soin qu'il prétend apporter à conserver de
l'enseignement de Sir Karl Popper la nécessité de la théorie
et sa priorité sur l'expérience, Kuhn parvient mal à répudier
l'héritage de la tradition logico-empiriste et à s'installer déci-
dément sur le terrain de la rationalité, de laquelle semblent
pourtant relever les concepts clés de cette épistémologie, ceux
de *paradigme* et de *science normale*. Car paradigme et normal
supposent une intention et des actes de régulation, ce sont des
concepts qui impliquent la possibilité d'un décalage ou d'un
décollage à l'égard de ce qu'ils régularisent. Or Kuhn leur fait
jouer cette fonction sans leur en accorder les moyens, en ne
leur reconnaissant qu'un mode d'existence empirique comme
faits de culture. Le paradigme c'est le résultat d'un choix
d'usagers. Le normal c'est le commun, sur une période
donnée, à une collectivité de spécialistes dans une institution
universitaire ou académique. On croit avoir affaire à des

1. *Archives de Philosophie*, 37, 4, oct.-déc. 1974, Paris, Beauchesne, Le
P. Russo se réfère à plusieurs reprises à l'ouvrage capital sur la question,
Criticism and the Growth of Knowledge, Lakatos et Musgrave (eds.),
Cambridge, 1970. Les thèses de Kuhn y sont longuement, et par endroits
sévèrement, discutées et critiquées par Popper, Lakatos, Feyerabend.

concepts de critique philosophique, alors qu'on se trouve au niveau de la psychologie sociale. D'où l'embarras dont témoigne la Postface de la deuxième édition de *Structure des révolutions scientifiques*, quand il s'agit de savoir ce qu'il convient d'entendre par vérité de la théorie.

Par contre, quand Bachelard parle de norme ou de valeur c'est parce que, s'agissant de sa science de prédilection, la physique mathématique, il identifie théorie et mathématique. C'est un mathématisme qui est l'ossature de son rationalisme. En mathématiques, il n'y a pas de normal, mais du normé. Contrairement aux tenants, plus ou moins directs ou orthodoxes du logicisme empiriste, Bachelard pense que les mathématiques ont un contenu de connaissance, parfois effectif, parfois en attente, dans lequel est déposé, momentanément, leur progrès. Sur ce point, Bachelard rencontre Jean Cavaillès, dont la critique du logicisme empiriste n'a rien perdu de sa vigueur et de sa rigueur. Après avoir montré, contre Carnap, que « l'enchaînement mathématique possède une cohésion interne qui ne se laisse pas brusquer : le progressif est d'essence… »[1], Cavaillès conclut, sur la nature de ce progrès :

24   Or l'un des problèmes essentiels de la doctrine | de la science est que justement le progrès ne soit pas augmentation de volume par juxtaposition, l'antérieur subsistant avec le nouveau, mais révision perpétuelle des contenus par approfondissement et rature. Ce qui est après est plus que ce qui était avant, non parce qu'il le contient ou même qu'il le prolonge, mais parce qu'il en sort nécessairement et porte dans son contenu la marque chaque fois singulière de sa supériorité[2].

1. *Sur la logique et la théorie de la science*, 3ᵉ éd. Paris, Vrin, 1976, p. 70.
2. *Ibid.*, p. 78.

En raison des spécialités scientifiques – physique mathématique et chimie des synthèses calculées – sur le champ desquelles elle a été initialement élaborée, la méthode historique de récurrence épistémologique ne saurait être tenue pour un passe-partout. Sans doute, d'une spécialité bien travaillée, bien « pratiquée », dans l'intelligence de ses actes générateurs, on peut abstraire des règles de production de connaissances, règles susceptibles d'extrapolation prudente. En ce sens la méthode peut être élargie plutôt que généralisée. Mais elle ne saurait être étendue à d'autres objets de l'histoire des sciences sans une ascèse préparatoire à la délimitation de son nouveau champ d'application. Par exemple, avant d'importer dans l'histoire de l'histoire naturelle au XVIIIe siècle les normes et procédures du nouvel esprit scientifique, il conviendrait de se demander à partir de quelle date on peut repérer dans les sciences des êtres vivants quelque fracture[1] conceptuelle de même effet révolutionnaire que la physique relativiste ou la mécanique quantique. Il nous semble que cette fracture est à peine repérable à l'époque de la réception du darwinisme[2] et que, si elle l'est, c'est sous l'effet récurrent de séismes ultérieurs, la constitution de la génétique et de la biochimie macromoléculaire.

---

1. Ce terme de « fracture » – à rapprocher de ceux de rupture ou de déchirure propres à G. Bachelard – est emprunté à Jean Cavaillès : « ...ces fractures d'indépendance successives qui chaque fois détachent sur l'antérieur le profil impérieux de ce qui vient après nécessairement et pour le dépasser » (*Sur la logique et la théorie de la science*, p. 28).

2. La réception du darwinisme en France a été étudiée, dans l'optique de l'épistémologie critique, par Y. Conry dans l'*Introduction du darwinisme en France au XIXe siècle*, Paris, Vrin, 1974.

Il convient donc d'admettre comme indispensables un bon usage de la récurrence et une éducation de l'attention aux 25 ruptures. Souvent | le chercheur de ruptures croit, à la façon de Kant, qu'un savoir scientifique s'inaugure par une rupture unique, géniale. Souvent aussi l'effet de rupture est présenté comme global, affectant la totalité d'une œuvre scientifique. Il faudrait pourtant savoir déceler, dans l'œuvre d'un même personnage historique, des ruptures successives ou des ruptures partielles. Dans une trame théorique certains fils peuvent être tout neufs, alors que d'autres sont tirés d'anciennes textures. Les révolutions copernicienne et galiléenne ne se sont pas faites sans conservation d'héritage. Le cas de Galilée est ici exemplaire. Aussi bien dans l'article *Galilée et Platon*[1] que dans les *Études galiléennes*[2] Alexandre Koyré a indiqué où se situe, selon lui, dans l'œuvre de Galilée la « mutation »[3] décisive qui la rend irréductible à la mécanique et à l'astronomie médiévales. Car l'élévation de la mathématique – arithmétique et géométrie – à la dignité de clé d'intelligibilité pour les questions de physique signifie le retour à Platon par delà Aristote. La thèse est suffisamment connue pour nous dispenser d'insister. Mais en évoquant, à juste titre d'ailleurs, un Galilée archimédien autant que platonicien, Koyré n'abuse-t-il pas de

---

1. *Études d'histoire de la pensée scientifique*, Paris, Gallimard, 1973, p. 166-195.

2. Paris, Hermann, 1940.

3. Au début des *Études galiléennes*, Koyré déclare emprunter à G. Bachelard ce terme de mutation, repris dans *Galilée et Platon*. Il est vrai que dans *Le nouvel esprit scientifique* (1934) et dans *La philosophie du non* (1940) la discontinuité épistémologique est décrite en termes tirés métaphoriquement du vocabulaire de la biologie. Ces premiers vocables bachelardiens ont disparu au profit de « rupture épistémologique » dans *Le rationalisme appliqué* (1949).

la liberté de récurrence[1]? Et ne majore-t-il pas quelque peu l'effet de la rupture galiléenne en la présentant comme la répudiation de tout aristotélisme? Sur ce point, Ludovico Geymonat n'est-il pas fondé à relever dans son *Galileo Galilei*[2] que Koyré a trop aisément gommé, dans son interprétation, tout ce que Galilée conservait de tradition aristotélicienne en demandant à la mathématique de renforcer la logique? Koyré se voit donc repris sur le point même où il reprenait Duhem quand il écrivait :

> L'apparente continuité dans le développement de la physique, du Moyen Âge aux | Temps modernes (continuité que Caverni **26** et Duhem ont si énergiquement soulignée), est illusoire… Une révolution bien préparée est néanmoins une révolution[3].

À ce propos serait-il sans intérêt de s'interroger sur les raisons qui ont fait de Duhem, davantage encore que de Koyré, en matière d'histoire et d'épistémologie, l'interlocuteur français privilégié des historiens et des épistémologues anglo-saxons de la lignée analytique? Ne serait-ce pas que la fidélité de Duhem aux schèmes aristotéliciens, quand il étudie la structure des théories scientifiques, accommode mieux des descendants de l'empirisme logique que ne le font le mathématisme

---

1. Dans sa thèse de doctorat *La philosophie naturelle de Galilée* (Paris, Armand Colin, 1968), M. Clavelin confirme la validité du modèle archimédien et conteste la fécondité de l'invocation platonicienne.

2. Torino, Einaudi, 1957. Voir notamment p. 323-338 de la traduction française (Paris, Robert Laffont, 1968).

3. *Op. cit.*, p. 171-172.

historique de Koyré et surtout le mathématisme militant de Cavaillès et de Bachelard [1] ?

Et n'est-il pas paradoxal qu'il appartienne à une épistémologie de type discontinuiste de justifier pleinement la pertinence d'une histoire des sciences inspirée par une épistémologie de la continuité ? Car s'il y a entre elles discordance sous le rapport des normes de validation du passé scientifique, c'est par suite d'un choix différent du champ d'application. L'épistémologie des ruptures convient à la période d'accélération de l'histoire des sciences, période dans laquelle l'année et même le mois sont devenus l'unité de mesure du changement. L'épistémologie de la continuité trouve dans les commencements ou l'éveil d'un savoir ses objets de préférence. L'épistémologie des ruptures ne méprise nullement l'épistémologie de la continuité, alors même qu'elle ironise sur les philosophes qui ne croient qu'en elle. Bachelard comprend Pierre Duhem et supporte mal Émile Meyerson.

> En somme, voici l'axiome d'épistémologie posé par les continuistes : puisque les débuts sont lents, les progrès sont continus. Le philosophe ne va pas plus loin. Il croit inutile de vivre les temps nouveaux, les temps où précisément les progrès scientifiques *éclatent* de toute part, faisant nécessairement « éclater » l'épistémologie traditionnelle [2].

27 |Capable, d'un côté, de rendre justice à une forme d'histoire des sciences qu'elle ne condamne ni n'exclut tout en la

---

1. Sur l'épistémologie de Duhem et sur ses conceptions de l'histoire des sciences, *cf.* les articles de R. Poirier et de M. Boudot dans *Les Études philosophiques*, 1967, XXII, n° 4.

2. *Le matérialisme rationnel*, p. 210.

doublant, mais sur un autre segment de diachronie, l'histoire selon la méthode épistémologique de la récurrence est-elle, d'un autre côté, capable, du fait de ses concepts et de ses normes, d'anticiper et de légitimer son dépassement éventuel?

Sans doute, il va de soi que le progrès scientifique par rupture épistémologique impose la refonte fréquente de l'histoire d'une discipline qu'on ne peut pas dire exactement la même, puisque sous un même nom usuel, perpétué par inertie linguistique, il s'agit d'un objet différent. En dehors de la personnalité de leurs auteurs, ce n'est pas seulement par le volume des connaissances accumulées que *La logique du vivant* (1970) de François Jacob diffère de la deuxième édition (1950) de l'*History of biology* de Charles Singer[1], c'est du fait de la découverte de la structure de l'ADN (1953) et de l'introduction en biologie de nouveaux concepts, soit sous des termes conservés comme organisation, adaptation, hérédité, soit sous des termes inédits comme message, programme, téléonomie.

Mais la question n'est pas de refonte, elle est de désuétude et peut-être même de mort. Il y a, chez les épistémologues français de la jeune génération, deux façons différentes de prendre ses distances par rapport à cette sorte d'histoire des sciences. La première consiste à dénoncer l'illusion épistémologique et à annoncer une relève mettant fin à une usurpation de fonction. La seconde consiste à dire que l'histoire des sciences est encore à naître.

Dominique Lecourt, l'auteur d'exégèses minutieuses, pénétrantes, compréhensives de l'œuvre de Gaston Bachelard,

1. New York, Schuman, 1950. L'ouvrage a pour sous-titre: *A general introduction to the study of living things*. La première édition était de 1931, elle a été traduite en français: *Histoire de la biologie*, Paris, Payot, 1934.

dans la dernière étude qu'il lui consacre, sous le titre *Le Jour et
la Nuit*[1], tente ingénieusement de démontrer que Bachelard
n'a pas réussi à prendre conscience du moteur et du sens de
ses analyses épistémologiques, qu'il est resté prisonnier des
28 implications idéalistes de la philosophie | des sciences, en
appliquant aux productions du savoir une méthode de
jugement vertical, alors que toutes ses conclusions tendent
à renforcer les thèses du matérialisme dialectique. Puisque
la production des savoirs est un fait de pratique sociale, le
jugement de ces savoirs quant à leur rapport avec leurs conditions de production relève en fait et en droit de la théorie de
la pratique politique, c'est-à-dire du matérialisme marxiste
repensé par Louis Althusser et son école. Certes, on accordera
que s'il en est ainsi la prétention d'un recoupement vertical de
la science par l'épistémologie doit tomber. Mais on demandera
d'abord s'il est possible de conserver le nom de « science » à un
genre de productions dont la verticale de recoupement (ou,
plus exactement dit, la dernière instance dominante) est la
politique, substituant à l'ancienne polarité du vrai et du faux la
nouvelle polarité de la conformité et de la déviation par rapport
à une « ligne ». On demandera ensuite comment un concept
fondamental d'une épistémologie illusionniste, celui de rupture, majoré dans son pouvoir par l'invention du terme de
« coupure », peut supporter une réinterprétation du marxisme,
dans sa constitution comme science de l'histoire, au nom de
laquelle l'épistémologie est refusée comme une illusion.

Michel Serres dresse un constat d'absence. « Tout le
monde parle d'histoire des sciences. Comme si elle existait. Or

---

1. Paris, Grasset, 1974.

je n'en connais pas »[1]. Dans « histoire *des* sciences », *des* est indéfini partitif. Il y a l'histoire de la géométrie, de l'optique, de la thermodynamique, etc., donc de disciplines définies par un découpage qui les rend insulaires, extérieures les unes aux autres. Or il faudrait que *des* soit un indéfini global, pour que l'histoire des sciences soit celle de « la coulée générale du savoir comme tel et non désintégré »[2]. Alors seulement le savoir comme formation pourrait être mis en rapport avec d'autres formations dans l'histoire générale. Selon Michel Serres l'histoire des sciences est victime d'une classification qu'elle accepte comme un fait de savoir alors que le problème est de savoir de quel fait elle procède, alors qu'il faudrait entreprendre d'abord « une histoire | critique des classifications »[3]. **29** Accepter sans critique la partition du savoir avant « le procès historique » où cet ensemble va « se développer » c'est obéir à une « idéologie ». L'usage de ces derniers termes pourrait paraître impliquer une référence au marxisme, mais le contexte ne permet pas d'en décider[4]. En tout état de cause, on

1. *Faire de l'histoire*, J. Le Goff et P. Nora (dir.), Paris, Gallimard, 1974, t. II, *Nouvelles Approches : Les sciences*, p. 303-228.

2. *Ibid.*, p. 204.

3. Dans son étude sur Auguste Comte (*Histoire de la philosophie 3*, Paris, Gallimard, 1974), M. Serres exprime le même regret de l'absence d'une étude critique des classifications. Cette étude existe et ce qui est regrettable c'est qu'elle n'ait pas connu une plus large diffusion. Elle est due à R. Pagès, directeur du Laboratoire de psychologie sociale : *Problèmes de classification culturelle et documentaire*, Paris, Éditions documentaires industrielles et techniques, 1955, impression roneo.

4. L'hypothèse de la référence au marxisme se trouverait-elle fortifiée par un passage des *Esthétiques sur Carpaccio* (Paris, Hermann, 1975)? Ayant dénoncé « le sot projet qui consiste à décrire ce qui se passe dans le fonctionnement du sujet connaissant », M. Serres ajoute : «Qui vous l'a dit? L'avez-

fera remarquer que l'épistémologie de Gaston Bachelard a rencontré un tel problème, avant qu'il soit fait à l'histoire des sciences le reproche de l'ignorer. La plus grande partie du *Rationalisme appliqué* est faite d'interrogations sur les causes et la valeur de la division en « régions distinctes dans l'organisation rationnelle du savoir » et sur les relations des « rationalismes régionaux » à un « rationalisme intégrant ».

Les textes polémiques que nous venons de citer mériteraient, évidemment, chacun de son côté, un exposé moins succinct et un examen moins rapide. Mais il nous a paru juste de les signaler, dans la mesure où l'un et l'autre promettent à une nouvelle histoire des sciences des rapports plus féconds que ceux qu'elle entretient parfois avec l'épistémologie. Même s'ils sont critiques à l'égard des programmes dont nous disions, au début de cette étude, qu'ils sont plus nombreux que les échantillons, ce sont bien des programmes. Il faut donc les ajouter aux autres. En attendant des échantillons.

vous vu ? Dites-moi où aller pour voir ça. Ce conditionnel est un irréel. Les conditions de possibilité sont ici et là, non à l'intérieur de ce palais de fées, de cette utopie. C'est bien Kant et le projet critique, Kant et le champ conditionnel, que Marx a remis sur ses pieds. Enfin posé sur un sol repérable. Le marxisme est un criticisme réussi qui empêche de rêver au prince charmant » (p. 86-88).

IDÉOLOGIES SCIENTIFIQUES
ET MÉDICALES AU XIXᵉ SIÈCLE

I

Qu'est-ce qu'une idéologie scientifique ? Cette question me semble posée par la *pratique* de l'histoire des sciences, et c'est une question dont la solution importerait pour la théorie de l'histoire des sciences. En effet, n'importe-t-il pas avant tout de savoir *de quoi* l'histoire des sciences prétend se faire l'histoire ? Il est apparemment facile de répondre que l'histoire des sciences fait l'histoire de ces formes de la culture que sont les sciences. Encore est-il nécessaire d'indiquer précisément quels critères permettront de décider que telle pratique ou telle discipline qui se donne, à telle époque de l'histoire générale, pour science mérite ou non ce titre, car il s'agit bien d'un titre c'est-à-dire d'une revendication de dignité. Et par suite, il est inévitable que soit posée la question de savoir si l'histoire de ce qui est science authentique doit exclure, ou tolérer, ou bien revendiquer et inclure aussi l'histoire des rapports d'éviction de l'inauthentique par l'authentique. C'est à dessein que nous disons éviction, c'est-à-dire dépossession juridique d'un bien acquis de bonne foi. Il y a longtemps qu'on a cessé de mettre, comme le faisait Voltaire, les superstitions et les fausses sciences sur le compte de machinations et de fourberies cyniquement inventées par des derviches astucieux et perpétuées par des nourrices ignorantes [1].

34 |C'est ici évidemment plus qu'un problème de technique ou de méthode historique concernant le passé des connaissances scientifiques, tel qu'il peut être reconstitué à partir de documents ou d'archives; c'est en réalité un problème épistémologique concernant le mode permanent de constitution des connaissances scientifiques dans l'histoire.

Dans son Rapport pour le Colloque I du XIIe Congrès International d'Histoire des Sciences: «Les facteurs du développement de l'histoire des sciences», le Professeur Suchodolski posait une question analogue en ces termes:

> Si toute l'histoire de la science jusqu'à nos jours était plutôt l'histoire de «l'antiscience» cela prouverait sans doute qu'il ne pouvait en être autrement et que, probablement, il n'en sera pas autrement à l'avenir... L'histoire de la science en tant qu'histoire de la vérité est irréalisable. C'est un postulat à contradiction interne [2].

Nous aurons à revenir sur ce concept d'*antiscience* et à nous demander dans quelle mesure il s'accorde ou non avec ce que nous pourrions entendre par idéologie.

En fait, c'est bien dans la *pratique* de l'histoire des sciences que notre question se pose. Car si l'on recherche chez les historiens des sciences, jusqu'à présent, comment ils ont donné une réponse à notre question, question que beaucoup d'ailleurs ne se posaient pas, on constate une étonnante

---

1. *Cf.* l'article «Préjugé» dans le *Dictionnaire philosophique*.
2. *XIIe Congrès International d'Histoire des Sciences, Colloques, Textes des Rapports*, Paris, 1968, p. 34.

absence de critères. Peu d'historiens des mathématiques font place à une étude des propriétés magiques ou mystiques des nombres et des figures comme relevant de leur objet. Si les historiens de l'astronomie font encore quelque place à l'astrologie, encore que les fondements chimériques de l'horoscope aient été renversés dès 1543 par Nicolas Copernic, c'est seulement parce que l'astronomie de position est redevable à l'astrologie de plusieurs siècles d'observations. Mais bien des historiens de la chimie sont attentifs à l'histoire de l'alchimie et l'intègrent dans la succession des « étapes » de la pensée chimique. Les historiens des sciences humaines, de la psychologie par exemple, font preuve d'un plus grand embarras. Une histoire de la psychologie, celle de Brett, consacre les deux tiers de ses pages à l'exposé de théories sur l'âme, la conscience et la vie de l'esprit, | dont la plupart sont antérieures **35** à l'apparition du mot même de psychologie, et, à plus forte raison, à la constitution de son concept moderne.

II

L'expression d'idéologie scientifique est-elle pertinente ? convient-elle pour désigner et délimiter adéquatement toutes les formations discursives à prétention de théorie, les représentations plus ou moins cohérentes de relations entre phénomènes, les axes relativement durables des commentaires de l'expérience vécue, bref ces pseudo-savoirs dont l'irréalité surgit par le fait et du seul fait qu'une science s'institue essentiellement dans leur critique ?

La fortune, aujourd'hui, de la notion d'*idéologie* a des origines non douteuses. Elle tient à la vulgarisation de la pensée de Karl Marx. Idéologie est un concept épistémologique à

fonction polémique, appliqué à ces systèmes de représentations qui s'expriment dans la langue de la politique, de la
morale, de la religion et de la métaphysique. Ces langues se
donnent pour l'expression de ce que sont les choses mêmes,
alors qu'elles sont des moyens de protection et de défense
d'une situation, c'est-à-dire d'un système de rapports des
hommes entre eux et des hommes aux choses. Marx dénonce
les idéologies au nom de la science qu'il prétend instituer : la
science des hommes qui font leur propre histoire, sans
toutefois la faire au gré de leurs désirs.

On s'est demandé comment ce terme d'idéologie,
emprunté à la philosophie française du XVIIIᵉ siècle, a été
chargé par Marx de la signification qu'il véhicule aujourd'hui.
L'idéologie c'était, selon Cabanis et Destutt de Tracy, la
science de la genèse des idées. Son projet était de traiter les
idées comme des phénomènes naturels, exprimant la relation
de l'homme, organisme vivant et sensible, à son milieu naturel
de vie. Positivistes avant la lettre, les idéologues étaient
pourtant des libéraux, anti-théologiens, anti-métaphysiciens.
À ces libéraux le comportement politique de Bonaparte avait
36 d'abord fait illusion, ils le | croyaient l'exécuteur testamen-
taire de la Révolution française. Quand ces bonapartistes sont
devenus anti-napoléoniens, Napoléon Iᵉʳ les a accablés de son
mépris [1] et de ses brimades et c'est lui qui a renversé l'image
que les idéologues avaient voulu donner d'eux-mêmes.
L'idéologie a été dénoncée, au nom du réalisme politique qui
moule la législation sur la connaissance du cœur humain et des

___

1. « Le mépris qu'il [Napoléon] professait à l'égard des hommes d'affaires
industriels complétait son mépris des idéologues », Marx, *La Sainte Famille*,
VI, III, c, Combat critique contre la Révolution française.

leçons de l'histoire, comme une métaphysique, une pensée creuse.

On voit donc que Marx a conservé, dans le sens qu'il donne au terme d'idéologie, le concept d'un renversement du rapport de la connaissance à la chose. L'idéologie, qui désignait d'abord une science naturelle de l'acquisition par l'homme d'idées calquées sur le réel lui-même, désigne désormais tout système d'idées produit comme effet d'une situation initialement condamnée à méconnaître son rapport réel au réel. L'idéologie consiste dans le déplacement du point d'application d'une étude.

Mais la notion d'idéologie scientifique est-elle comprise, sans distorsion, dans la notion générale d'idéologie au sens marxiste ? À première vue, non. Dans *L'Idéologie allemande* Marx oppose catégoriquement les idéologies politiques, juridiques, économiques, religieuses, à la science économique, c'est-à-dire à celle qu'il entend constituer. La science s'authentifie elle-même en déchirant le voile qui est toute la réalité et la seule réalité de l'idéologie. Idéologie scientifique ce serait donc monstre logique. Par définition toute idéologie est un écart, au double sens de distance et de décalage, distance de la réalité, décalage relativement au centre d'investigation à partir duquel elle s'imagine procéder. Marx s'attache à montrer que, confrontées à la science marxiste de l'économie, toutes les idéologies économico-politiques apparaissent l'effet d'une situation de classe qui interdit aux intellectuels bourgeois d'apercevoir dans ce qu'ils croient être un miroir, c'est-à-dire une science indicatrice des choses mêmes, autre chose qu'une image renversée du rapport de l'homme à l'homme et de l'homme à la nature. Aucune de ces idéologies

37 ne dit le vrai, même si | certaines sont moins éloignées que
d'autres du réel[1], toutes sont illusoires. Et par illusion on doit
entendre sans doute une erreur, une méprise, mais aussi une
fabulation rassurante, une complaisance inconsciente à un
jugement orienté par un intérêt[2]. Bref, Marx nous paraît avoir
assigné à l'idéologie une fonction de compensation. Les idéologies bourgeoises sont des réactions qui indiquent sympto-
matiquement l'existence de situations sociales conflictuelles,
c'est-à-dire des luttes de classes, et qui, en même temps,
tendent à nier théoriquement le problème concret dont
l'existence les provoque à surgir.

Mais, dira-t-on justement, n'est-il pas remarquable que
Marx, dans *L'Idéologie allemande*, ne cite pas la science au
nombre des idéologies? C'est en effet remarquable. Sans
doute Marx, critiquant Feuerbach, lui reproche-t-il de n'avoir
pas compris que la science de la nature dite « pure » reçoit ses
buts et ses moyens du commerce et de l'industrie, c'est-à-dire
de l'activité matérielle des hommes. Mais cela autorise-t-il à
ne faire aucune différence de statut épistémologique entre ce
type de discours idéologique qu'est, aux yeux de Marx, l'économie libérale et ce type de discours vérifié qu'est l'électro-
magnétisme ou la mécanique céleste? Il est bien vrai que la
constitution de l'astronomie aux XVIIe et XVIIIe siècles dépend
de la fabrication d'instruments d'optique et de chronométrie.
La détermination de la longitude en mer était au XVIIIe siècle

1. Selon Marx, les idéologies politiques des Français et des Anglais, au
XVIIIe siècle, sont moins éloignées de leurs bases réelles que l'idéologie
religieuse des Allemands.

2. Dans le *Manifeste communiste*, l'illusion qui consiste, pour la classe
bourgeoise, à tenir pour éternels les rapports sociaux où elle est en situation de
domination est qualifiée de « conception intéressée ».

une question théorique faisant appel à la technique de l'horlogerie pour une fin commerciale. Et pourtant la mécanique céleste newtonienne n'est-elle pas en train de trouver aujourd'hui, dans les techniques de satellisation artificielle et dans l'astronautique, une gigantesque vérification expérimentale, par la convergence d'efforts que soutiennent des techniques et des économies fort différentes quant à l'idéologie concomitante ? Dire de la science de la nature qu'elle n'est pas indépendante des modes successifs d'exploitation de la nature et de production des richesses ce n'est pas lui refuser l'autonomie de sa problématique et la spécificité de sa méthode, ce n'est pas la rendre relative, comme l'économie ou la politique, à l'idéologie | dominante de la classe dominante, à un moment **38** donné, dans le rapport social. Dans la *Contribution à la critique de l'économie politique*, Marx a rencontré ce qu'il nomme une « difficulté », à savoir le fait que l'art, relatif dans ses productions à l'état social, pouvait conserver au-delà de ses conditions historiques et après leur disparition, une valeur permanente. Ce que Marx accordait à l'art grec, le marxisme pourrait-il le refuser à la géométrie grecque ?

Mais de ne pas pouvoir ranger les connaissances scientifiques au nombre des idéologies nous interdit-il, pour autant, de donner un sens au concept d'idéologie scientifique ? Dans l'ordre de l'idéologie il faut distinguer le contenu et la fonction. Marx déclare explicitement que les idéologies prendront fin lorsque la classe qui assume par nécessité l'obligation d'abolir les rapports de classes aura accompli son devoir dialectique. La fonction d'illusion idéologique, politique, morale, religieuse aura alors littéralement fait son temps. Cela suppose, notons-le bien, que la société homogène et pacifiée continue à trouver la description juste de sa situation dans le texte de Marx, sans renversement et sans chiasme. Toutefois l'histoire continue, et même on doit dire qu'elle commence. Cette histoire est celle de certains rapports à la nature. Nous avons donc à nous demander si des rapports nouveaux à la nature peuvent être institués en toute lucidité et prévision scientifiques préalables, ce qui revient à prédire un cours paisible à la science dans son historicité. Ne peut-on soutenir, au contraire, que la production progressive de connaissances scientifiques nouvelles requiert, à l'avenir comme dans le passé, une certaine antériorité de l'aventure intellectuelle sur la rationalisation, un dépassement présomptueux, par les exigences de la vie et de l'action, de ce qu'il faudrait déjà connaître et avoir vérifié, avec prudence et méfiance, pour que les hommes se rapportent à la nature selon de nouveaux rapports en toute sécurité. Dans ce cas l'idéologie scienti-fique serait à la fois obstacle et condition de possibilité, aussi parfois, pour la constitution de la science. Dans ce cas l'histoire des sciences devrait inclure une histoire des idéo-logies scientifiques reconnues comme telles. Quel bénéfice y aurait-il à élaborer un statut épistémologique de ce concept ? Essayons de le montrer.

39 |III

Une idéologie scientifique n'est pas une fausse conscience comme l'est une idéologie politique de classe. Ce n'est pas non plus une fausse science. Le propre d'une fausse science c'est de ne rencontrer jamais le faux, de n'avoir à renoncer à rien, de n'avoir jamais à changer de langage. Pour une fausse science, il n'y a pas d'état pré-scientifique. Le discours de la fausse science ne peut pas recevoir de démenti. Bref la fausse science n'a pas d'histoire. Une idéologie scientifique a une histoire, par exemple l'atomisme sur le cas duquel nous reviendrons. Une idéologie scientifique trouve une fin, quand le lieu qu'elle occupait dans l'encyclopédie du savoir se trouve investi par une discipline qui fait la preuve, opérativement, de la validité de ses normes de scientificité. À ce moment un certain domaine de non-science se trouve déterminé par exclusion. Nous disons non-science plutôt qu'anti-science – comme le fait M. Suchodolski – uniquement pour prendre en considération ce fait que dans une idéologie scientifique il y a une ambition explicite d'être science, à l'imitation de quelque modèle de science déjà constituée. Cela nous paraît essentiel. L'existence d'idéologies scientifiques implique l'existence parallèle et préalable de discours scientifiques et par suite le partage déjà opéré de la science et de la religion. Considérons le cas de l'atomisme. Démocrite, Épicure et Lucrèce revendiquent pour leur physique et leur psychologie le statut de science. À l'anti-science qu'est la religion, ils opposent l'anti-religion qu'est leur science. L'idéologie scientifique est évidemment la méconnaissance des exigences méthodologiques et des possibilités opératoires de la science dans le secteur de l'expérience qu'elle cherche à investir, mais elle n'est pas l'ignorance, ou le mépris ou le refus de la fonction de la science. C'est dire par conséquent qu'on ne doit pas confondre absolument idéologie scientifique et superstition, puisque l'idéologie occupe une place, même si c'est par usurpation, dans l'espace de la connaissance et non dans l'espace de la croyance religieuse. Et en outre elle ne peut être traitée de superstition si l'on s'en tient strictement au sens étymologique. La superstition c'est le maintien d'une représentation d'ancienne religion que son interdiction par la nouvelle religion n'a pas éliminée. L'idéologie scientifique est bien sur-située par rapport au site que viendra tenir la science. Mais

40 elle n'est pas | seulement sur-située, elle est dé-portée. Quand une science vient occuper une place que l'idéologie semblait indiquer, ce n'est pas à l'endroit que l'on attendait. Quand la chimie et la physique, au XIXe siècle, ont constitué la connaissance scientifique de l'atome, l'atome n'est pas apparu à l'endroit que l'idéologie atomistique lui assignait, à la place de l'indivisible. Ce que la science trouve n'est pas ce que l'idéologie donnait à chercher. La persistance des mots ne fait rien à l'affaire, quand le contexte des orientations et des méthodes est aussi différent que peuvent différer une technique de la pulvérisation des solides et une théorie de la convergence de mesures, au point que ce que l'idéologie annonçait comme le simple trouve sa réalité scientifique dans une cohérence de complications.

Nous espérons trouver dans la théorie mendélienne de l'hérédité un autre exemple convaincant de procès de destitution d'une idéologie. Il est peu d'historiens de la biologie qui ne cherchent chez Maupertuis des pressentiments de la génétique, pour la raison que, dans sa *Vénus physique*, il s'est préoccupé du mécanisme de transmission de traits morphologiques normaux ou d'anomalies, qu'il a invoqué le calcul des probabilités pour décider si telle fréquence d'une même anomalie dans une famille était ou non fortuite, qu'il a expliqué les phénomènes d'hybridation par la supposition d'atomes séminaux, d'éléments héréditaires, conjugués au moment de la copulation. Or la seule confrontation des textes de Maupertuis et de Mendel fait éclater toute la différence qui sépare une science de l'idéologie qu'elle refoule. Chez Mendel les faits qu'il étudie ne sont pas des faits retenus par une phénoménologie de première venue, ce sont des faits déterminés par la recherche. La recherche est déterminée par le problème et ce problème est sans antécédent dans la littérature pré-mendélienne. Mendel a inventé le concept de *caractère* comme élément de ce qui est transmis héréditairement, et non comme agent élémentaire de la transmission. Le caractère mendélien pouvait entrer en combinaison avec *n* autres caractères, et on pouvait mesurer la fréquence de sa réapparition aux différentes générations. Mendel ne manifestait aucun intérêt pour la structure, pour la fécondation, pour le développement. Pour Mendel l'hybridation n'est pas un moyen d'établir la constance ou l'inconstance d'un type global ; elle est le moyen de le décomposer, elle est un instrument d'analyse, de dissociation des caractères, à la condition | d'opérer sur un grand nombre de cas. Mendel ne s'intéresse **41** aux hybrides que pour rompre avec la tradition séculaire d'intérêt pour l'hybridation. Mendel ne s'intéresse ni à la sexualité, ni à la querelle de l'inné et de l'acquis, de la préformation et de l'épigénèse, il ne s'intéresse qu'à vérifier, grâce au calcul des combinaisons, les conséquences de *son* hypothèse[1]. Tout ce que Mendel néglige c'est, au contraire, ce qui intéresse ceux qui ne sont pas, en vérité, ses prédécesseurs. L'idéologie de la transmission héréditaire au XVIIIe siècle est avide d'observations, de récits concernant la production d'hybrides animaux ou végétaux, l'apparition de monstruosités. Cette avide curiosité est à plusieurs fins : décider entre la préformation et l'épigénèse, entre l'ovisme et l'animalculisme ; par là apporter des solutions à des problèmes juridiques de subordination des sexes, de paternité, de pureté des lignées, de légitimité de l'aristocratie. Ces préoccupations recoupent les problèmes de l'hérédité des acquisitions psycho-

---

1. *Cf.* J. Piquemal, *Aspects de la pensée de Mendel*, Paris, Conférence du Palais de la Découverte, 1965.

physiologiques, le débat entre innéisme et sensualisme. La technique des hybridations était soutenue autant par l'intérêt d'agronomes à la recherche de variétés avantageuses que par l'intérêt des botanistes pour la détermination des rapports entre espèces. La *Vénus physique* de Maupertuis ne peut pas être déplacée, par séparation d'avec son contexte d'époque, pour être superposée aux *Versuche über Pflanzenhybriden* en vue d'une mise en correspondance partielle. La science de Mendel ne s'est pas placée dans l'axe de l'idéologie qu'elle supplante, pour la raison que cette idéologie n'a pas un axe mais plusieurs et qu'aucun de ces axes de pensée n'a été posé par ceux qui les suivent. Ils les ont hérités de traditions d'âge différent. L'ovisme et l'animalculisme n'ont pas le même âge que les arguments empiriques ou mythologiques en faveur de l'aristocratie. Au regard de la science de l'hérédité l'idéologie de l'hérédité (ici le mot remonte de la science vers l'idéologie ; dans le cas de l'atomisme il descendait de l'idéologie vers la science) est un excès de prétention, une ambition naïve de résoudre, sans en avoir critiqué la position, plusieurs problèmes d'importance théorique et pratico-juridique. L'idéologie disparaît ici par réduction ou rabotage. Mais c'est dans sa disparition comme science mal fondée qu'elle apparaît comme idéologie. La qualification comme idéologie d'un certain assemblage d'observations et de déductions, est posté-
42 rieure | à sa disqualification comme science par un discours qui délimite son champ de validité et qui fait ses preuves par la cohérence et l'intégration de ses résultats.

S'il est instructif, pour assigner un statut aux idéologies scientifiques, d'étudier comment elles disparaissent, il l'est encore davantage, croyons-nous, d'étudier comment elles apparaissent. Nous proposons d'examiner sommairement la genèse d'une idéologie scientifique du XIXᵉ siècle : l'évolutionnisme. L'œuvre d'Herbert Spencer nous offre un cas intéressant à analyser. Spencer pense pouvoir formuler une loi mécanique du progrès universel, par évolution du simple au complexe à travers des différenciations successives. Le passage de plus à moins d'homogénéité, de moins à plus d'individuation, règle universellement la formation du système solaire, de l'organisme animal, des espèces vivantes, de l'homme, de l'humanité incarnée dans la société, des produits de la pensée et de l'activité humaine, et d'abord du langage. Cette loi d'évolution Spencer déclare expressément qu'il l'a obtenue par généralisation des principes de l'embryologie de Karl-Ernst von Baer (*Uber Entwickelungsgeschichte der Thiere*, 1828). La publication de l'*Origine des espèces* (1859) confirme Spencer dans la conviction que son système de l'évolution généralisée se développe sur le même plan de validité scientifique que la biologie darwinienne. Mais, pour apporter à la loi d'évolution la caution d'une science plus apodictique que la nouvelle biologie, Spencer se flatte de déduire de la loi de conservation de la force le phénomène de l'évolution par instabilité de l'homogène. À qui suit le cheminement de la pensée de Spencer dans l'élaboration progressive de son œuvre, il apparait que la biologie de von Baer d'abord, de Darwin ensuite, lui a fourni un patron de garantie scientifique pour un projet d'ingénieur dans la société industrielle anglaise du xixe siècle : la légitimation de la libre entreprise, de l'individualisme politique correspondant et de la concurrence. La loi de différenciation finit par le soutien apporté à l'individu contre l'état. Mais, si elle finit explicitement par là, c'est peut-être qu'elle a commencé implicitement par là.

L'extension de la mécanique, de l'embryologie épigénétiste, de la biologie transformiste hors des champs de développement contrôlé de chacune de ces sciences ne peut

43 s'autoriser d'aucune d'entre elles. S'il | y a extension à la tota-
lité de l'expérience humaine, et à l'expérience sociale notamment, de conclusions théoriques régionales détachées de leurs
prémisses et libérées de leur contexte, à quelle fin cette conta-
gion de scientificité est-elle recherchée ? Cette fin est pratique.
L'idéologie évolutionniste fonctionne comme auto-justifica-
tion des intérêts d'un type de société, la société industrielle
en conflit avec la société traditionnelle d'une part, avec la
revendication sociale d'autre part. Idéologie antithéologique
d'une part, anti-socialiste d'autre part. Nous retrouvons ici le
concept marxiste d'idéologie, comme étant la représentation
de la réalité naturelle ou sociale dont la vérité ne réside pas
dans ce qu'elle dit mais dans ce qu'elle tait. Bien entendu,
l'évolutionnisme du XIXe siècle ne se résume pas dans l'idéologie spencerienne. Cette idéologie a pourtant coloré plus ou
moins durablement les recherches de linguistes et d'ethno-
logues, elle a chargé d'un sens durable le concept de primitif,
elle a donné bonne conscience aux peuples colonisateurs. On
en trouve encore des restes agissants dans la conduite des
sociétés avancées envers les sociétés dites « en voie de développement », même après que l'ethnologie culturaliste, en
reconnaissant la pluralité des cultures, ait pu paraître interdire
à l'une quelconque d'entre elles de s'ériger en norme d'appré-
ciation et en mesure du degré d'accomplissement des autres.
En liquidant leurs origines évolutionnistes, la linguistique,
l'ethnologie, la sociologie contemporaines apportaient une
sorte de preuve du fait qu'une idéologie disparaît quand ses
conditions de possibilité historique ont changé. La théorie
scientifique de l'évolution n'est pas restée exactement ce
qu'était le darwinisme, mais le darwinisme est un moment
intégré à l'histoire de la constitution de la science de l'évolu-

tion. Au lieu que l'idéologie évolutionniste est un résidu inopérant de l'histoire des sciences humaines au XIXᵉ siècle.

IV

Nous pensons avoir, par analyse de quelques exemples, délimité le champ d'apparition et le mode de constitution des idéologies scientifiques. Nous insistons encore, pour les caractériser, sur ceci qu'on ne doit pas les confondre avec des *idéologies de scientifiques*, c'est-à-dire des idéologies que les savants engendrent par les discours qu'ils tiennent pour thématiser leurs méthodes de recherche et de mise en | rapport **44** avec l'objet, par les discours qu'ils tiennent sur la place que la science occupe, dans la culture, relativement aux autres formes de la culture. Les idéologies de scientifiques sont des idéologies philosophiques. Les idéologies scientifiques seraient plutôt des idéologies de philosophes, des discours à prétention scientifique tenus par des hommes qui ne sont encore, en la matière, que des scientifiques présomptifs ou présomptueux. Au XVIIIᵉ siècle, les concepts de Nature et d'Expérience sont des concepts idéologiques de scientifiques ; par contre les concepts de « molécule organique » (Buffon) ou d'« échelle des êtres » (Bonnet) sont des concepts d'idéologie scientifique en histoire naturelle.

Nous proposerions donc les conclusions suivantes :

a) Les idéologies scientifiques sont des systèmes explicatifs dont l'objet est hyperbolique, relativement à la norme de scientificité qui lui est appliquée par emprunt.

b) Il y a toujours une idéologie scientifique avant une science dans le champ où la science viendra s'instituer ; il y a toujours une science avant une idéologie, dans un champ latéral que cette idéologie vise obliquement.

c) L'idéologie scientifique ne doit pas être confondue avec les fausses sciences, ni avec la magie, ni avec la religion. Elle est bien, comme elles, mue par un besoin inconscient d'accès direct à la totalité, mais elle est une croyance qui *louche* du côté d'une science déjà instituée, dont elle reconnaît le prestige et dont elle cherche à imiter le style.

Dans ces conditions, il faut terminer par où nous avons commencé, et proposer une théorie de l'histoire des sciences qui en éclaire la pratique.

Une histoire des sciences qui traite une science dans son histoire comme une succession articulée de *faits de vérité*, n'a pas à se préoccuper des idéologies. On conçoit que les historiens de cette école abandonnent l'idéologie aux historiens des idées ou, au pire, aux philosophes.

Une histoire des sciences qui traite une science dans son histoire comme une purification élaborée de *normes de vérifi-*
45 *cation* ne peut pas | ne pas s'occuper aussi des idéologies scientifiques. Ce que Gaston Bachelard distinguait comme histoire des sciences périmée et histoire des sciences sanctionnée doit être à la fois séparé et entrelacé. La sanction de vérité ou d'objectivité porte d'elle-même condamnation du périmé. Mais si ce qui doit plus tard être périmé ne s'offre pas d'abord à la sanction, la vérification n'a pas lieu de faire apparaître la vérité.

Donc la séparation de l'idéologie et de la science doit empêcher de mettre en continuité dans une histoire des sciences quelques éléments d'une idéologie apparemment conservés et la construction scientifique qui a destitué l'idéologie ; par exemple, à chercher dans le *Rêve de d'Alembert* des anticipations de l'*Origine des espèces*.

Mais l'entrelacement de l'idéologie et de la science doit empêcher de réduire l'histoire d'une science à la platitude d'un historique, c'est-à-dire d'un tableau sans ombres de relief.

L'historien des sciences doit travailler et présenter son travail sur deux registres. Faute d'être ainsi travaillée et présentée, faute de ne pas reconnaître la spécificité de l'idéologie scientifique et de ne pas lui faire une place – une place sur des plans de niveaux différents des différents plans de scientificité – l'histoire des sciences risque de n'être, elle-même, rien de plus qu'une idéologie, au sens, cette fois, de fausse conscience de son objet. En ce sens l'idéologie c'est la connaissance d'autant plus éloignée de son objet donné qu'elle croit coller à lui ; c'est la méconnaissance du fait qu'une connaissance critique de son projet et de son problème se sait d'abord à distance de son objet opératoirement construit.

À ne vouloir faire que l'histoire de la vérité on fait une histoire illusoire. M. Suchodolski a raison sur ce point, l'histoire de la seule vérité est une notion contradictoire.

On se représente mal, aujourd'hui, les raisons du succès, à l'époque, de la théorie médicale de John Brown (1735-1788). À lire simplement les propositions des *Éléments de Médecine* (1780), en paragraphes numérotés, à l'imitation des *Éléments de géométrie*, on a peine à imaginer comment la théorie de l'incitabilité organique, peu appréciée en Angleterre même, sauf par Erasme Darwin, a pu traverser l'Atlantique jusqu'à Philadelphie avec Benjamin Rush, passionner les universités italiennes de Pavie et de Milan, enthousiasmer en Allemagne les médecins et les philosophes de la période romantique.

Georges Cuvier a exposé de façon, selon nous, décisive, les raisons de la faveur dont le brownisme a joui en Allemagne et en Italie et de son abandon ultérieur. Après avoir noté que jusqu'alors les médecins n'ont pu faire mieux que de réunir leurs observations en histoires des malades pour fonder des pronostics peu rigoureux sur quelques règles d'analogie il ajoute :

> S'il était possible d'élever ces analogies à un degré de généralité tel qu'il en résultât un principe applicable à tous les cas, on aurait ce que l'on entend par les mots de *théorie médicale* ; mais, quelques efforts qu'aient faits depuis tant de

siècles les hommes de génie qui ont exercé la médecine, aucune des doctrines qu'ils ont proposées sous ce titre n'a pu encore obtenir un assentiment durable. Les jeunes gens les adoptent chaque fois avec enthousiasme, parce qu'elles semblent abréger l'étude, et donner le fil d'un labyrinthe presque inextricable; mais la plus courte expérience ne tarde point à les désabuser.

48 | Les conceptions des Stahl, des Hoffman, des Boerhaave, des Cullen, des Brown, seront toujours considérées comme des tentatives d'esprits supérieurs; elles feront honneur à la mémoire de leurs auteurs, en donnant une haute idée de l'étendue des matières que leur génie pouvait embrasser; mais ce serait en vain que l'on croirait y trouver des guides assurés dans l'exercice de l'art.

La théorie médicale de Brown avait des titres marqués au genre de succès dont nous avons parlé, par son extrême simplicité et par quelques changements heureux qu'elle a introduits dans la pratique. La vie représentée comme une sorte de combat entre le corps vivant et les agents extérieurs; la force vitale considérée comme une quantité déterminée dont la consommation, lente ou rapide, retarde ou accélère le terme de la vie, mais qui peut l'anéantir par sa surabondance aussi bien que par son épuisement; l'attention restreinte à l'intensité de l'action vitale, et détournée des modifications qu'on est tenté de lui supposer; la distribution des maladies et des médicaments en deux classes opposées selon que l'action vitale se trouve excitée ou ralentie; toutes ces idées semblaient réduire l'art médical à un petit nombre de formules: aussi cette doctrine a-t-elle joui pendant quelques temps en Allemagne et en Italie d'une faveur qui allait jusqu'à la passion; mais il paraît qu'aujourd'hui ce qu'elle a d'ingénieux ne fait plus méconnaître l'injustice de l'exclusion qu'elle donne pour ainsi dire à l'état des organes et à la grande variété des causes extérieures qui peuvent influer sur les altérations des fonctions.

Il en a été à peu près de même des modifications que quelques médecins, tels que MM. Röschlaub, Joseph Frank, etc. ..., ont essayé de lui faire subir, et qui ont donné lieu à autant de systèmes divers, que l'on a compris sous le titre général de *théorie de l'incitation*.

Quant aux essais plus nouveaux tentés en Allemagne par les sectateurs de ce qu'on appelle en ce pays-là *philosophie de la nature*, on peut déjà en prendre une idée par ce que nous avons dit de leur physiologie. Ils se placent à un point de vue si élevé que les détails leur échappent nécessairement ; et la pratique de la médecine n'offre que des détails et des exceptions : aussi ne paraissent-ils avoir obtenu | qu'une influence momentanée sur **49** l'exercice de l'art [1].

Après Cuvier, mais pas nécessairement d'après lui, plusieurs historiens, comme s'ils avaient pris à la lettre les sarcasmes de Weikard dirigés contre le temps traditionnellement perdu à enseigner et à apprendre « toutes ces *minuties* philosophiques, pathologiques, séméiotiques, thérapeutiques et chimiques » [2], ont cherché l'explication du succès de Brown dans la simplification que la théorie apportait à la pratique médicale, réduite à deux actes thérapeutiques inverses : stimuler et débiliter. Sans doute la distinction de deux diathèses et de deux classes de maladies, sthéniques et asthéniques, renversait toutes les nosologies, alors que, paradoxalement, la pauvreté des recommandations thérapeutiques présidait à un enrichissement de la pharmacopée. La recherche empirique de diverses

---

1. *Histoire des progrès des sciences naturelles depuis 1789 jusqu'à ce jour*, t. 1 er, Paris, Roret, 1834, p. 313-316.
2. Préface à la *Doctrine Médicale simplifiée ou Éclaircissement et Confirmation du Nouveau Système de médecine de Brown*, traduit de l'italien par R.J. Bertin, Paris, Th. Barrois, 1798, p. XLVIII.

substances capables d'un même effet, ou d'effets inverses selon les circonstances et les doses, est l'une des conséquences du stimulisme, comme aussi du contrestimulisme de Rasori. Mais les règles d'application des différentes puissances incitantes tenaient en deux mots. Quelques-uns de ses contemporains ont comparé Brown aux anciens médecins méthodistes. Si Thessalus de Tralles, au dire de Galien, se vantait d'enseigner la médecine en six mois, c'est en quatre semaines, qu'au dire de Ritter, en 1798, le système de Brown permettait de former un médecin.

D'autres historiens n'ont pas manqué de souligner que cette nouvelle pathologie générale a dû une part de son succès à sa rencontre historique, sur le continent, avec une nouvelle physiologie philosophique. C'est à cause de Galvani, de Volta et du galvanisme animal que Brown a séduit les Italiens[1], et c'est à cause de Messmer et du magnétisme animal qu'il a embrasé l'Allemagne. Pour « lancer » pleinement Brown chez les Allemands il n'a fallu rien de moins que Schelling, par les soins de Röschlaub (1768-1835), à Bamberg. L'*Erregunstheorie* de Röschlaub (*Untersuchungen über die* **50** *Pathogenie*, 1798-1800) | importait en médecine la théorie de l'identité universelle de la nature organique et de la nature inorganique, l'affirmation que l'excitabilité est l'analogue organique du magnétisme cosmique (Schelling, *Erster Entwurf eines Systems der Naturphilosophie*, 1799). En outre, comme l'a noté Werner Leibbrand, historien de la médecine romantique qui a fait à Brown la plus large place, une physiologie de l'excitabilité trouvait, à la fin du XVIIIe siècle,

---

1. Dans les *Expériences sur le Galvanisme* de F.-A. de Humboldt, il est fait deux allusions à Brown (trad. fr. Jadelot, Paris, 1799, p. 9 et p. 219).

un terrain favorable dans la complaisance littéraire aux différentes figures de la sensibilité, depuis le *Werther* de Gœthe jusqu'aux *Hymnes à la Nuit* de Novalis. En inventant l'asthénie, en réduisant à l'asthénie la plupart des maladies, Brown apportait une caution médicale aux soupirs de l'alanguissement.

Beddoes a dit de Brown que son érudition médicale était courte. Il avait retenu de l'enseignement de William Cullen (1712-1790), inventeur du concept de « névrose », que l'appareil nerveux est la source de la vitalité, que le fluide nerveux est susceptible de différents degrés de mobilité – qu'on peut nommer excitement et collapsus –, que presque toutes les maladies de l'homme sont des maladies des nerfs [1].

L'histoire du concept d'irritation et d'irritabilité, de Glisson (1597-1677) à Broussais, au cours de laquelle les concepts d'incitation, d'excitation, de stimulus ont pris forme et reçu fonction dans les premières ébauches de neurophysio-logie et de psycho-physiologie sensorielle, a été souvent retracée, de Charles Daremberg à Owsei Temkin, en passant

---

1. « D'après ce que je viens de dire de l'excitement et du collapsus du cerveau, on doit voir que je suppose que la *vie*, en tant qu'elle est corporelle, consiste dans l'excitement du système nerveux, et spécialement du cerveau qui unit les différentes parties, et en forme un tout. Mais quelques autres fonctions du corps sont nécessaires pour soutenir cet excitement : d'où l'on voit que les causes de la mort peuvent être de deux espèces, l'une agit directement sur le système nerveux, en détruisant son excitement, et l'autre produit indirectement le même effet, en détruisant les organes et les fonctions nécessaires à son soutien. On peut particulièrement rapporter à la première espèce les causes de sommeil qui agissent à un degré très fort, telles que le froid, les passions séda-tives, les poisons, et toutes les causes d'un excitement très violent » (M. Cullen, *Physiologie*, traduit de l'anglais sur la troisième et dernière édition par M. Bosquillon, Paris, Th. Barrois, 1785, section II, chap. 3, § CXXXVI).

par Henri Marion et Émile Gley. La restriction par Haller de l'irritabilité à la propriété spécifique du muscle et son extension, inversement, par Bichat aux différents tissus animaux en fonction de leur structure n'ont pas manqué d'engendrer une certaine confusion dans la littérature médicale[1]. Quant à Brown, en prolongeant la tradition mécaniste de Hoffman dont Cullen se réclamait, il retrouvait, vraisemblablement sans s'en rendre compte, la simplicité de l'équivalence que Glisson avait établie entre *irritare*, *incitare*, *exstimulare* et *vigorare* (*Anatomia hepatis*, 1654). Quand Brown attribue à l'organisme une quantité finie d'incitabilité, de capacité d'affection par les puissances incitantes ou stimulantes, il ne s'embarrasse d'aucune justification ou preuve. Il pose en principe cette différence entre la vie et la matière. Leibbrand dit, très heureusement, qu'il s'agit là d'une « force axiomatique ». À partir de cet axiome, Brown réduit à l'identité tous les vivants et tous les phénomènes de la vie : identité de l'animal et du végétal (§ 9 et 318), identité de l'agriculture et de la médecine (§ 2), identité du nerf et du muscle (§ 48), identité des états de santé et de maladie (§ 65). « Les mêmes puissances produisent tous les phénomènes de la vie » (§ 110). « Tout dans la nature est l'ouvrage d'un seul organe » (§ 327). « La nature n'a point préposé à la vie et à la santé de puissances autres que celles qui président aux maladies et à la mort » (§ 328). Brown peut ainsi se présenter lui-même comme le Newton de la médecine

1. Sur Brown et les différences d'acception des termes irritabilité, incitabilité, excitabilité, chez Bichat, Cuvier, Flourens, *cf.* une lettre de Dutrochet à E. Geoffroy Saint-Hilaire (12 août 1822), dans *Henri Dutrochet, le matérialisme mécaniste et la physiologie générale*, J. et T. Schiller (éds.), Paris, A. Blanchard, 1975, p. 196-197.

(§ 244 note, § 328), le premier qui ait donné à la théorie médicale la certitude d'une science véritable (§ 312).

La France est le pays où la doctrine de Brown eut le moins de succès parmi les médecins. Elle en eut davantage parmi les chimistes, dont Fourcroy. On a pu l'expliquer par l'attachement des médecins de l'époque révolutionnaire à la méthode d'observation clinique – alors que Brown soutenait que « les symptômes n'ont jamais rien de positif et n'apprennent rien » (§ 661, *cf.* aussi § 234 note, et § 504) –, par leur fidélité à la classification nosographique, par l'inspiration pré-positiviste de l'idéologie médicale, dominée par l'œuvre de Cabanis. À la différence de l'Allemagne où Weikard, médecin conseiller de l'Impératrice Catherine, avait publié un résumé de la doctrine avant | de traduire, en 1796, les *Éléments de médecine*, la **52** France n'en a connu qu'en 1805 le texte intégral simultanément traduit par Fouquier, par Bertin, par Lafont-Gouzi. On disposait jusqu'alors d'abrégés ou de résumés synthétiques presque tous procurés par des médecins militaires attachés aux armées que Bonaparte conduisait dans l'Italie du Nord. C'est donc l'Italie, conquise par Brown, qui a converti au brownisme ses conquérants. Mais l'École de médecine de Paris ne fut pas conquise par le Service de Santé militaire.

Il nous semble pourtant qu'une telle explication laisse de côté l'essentiel. En fait, les écoles médicales françaises de l'époque, à Paris comme à Montpellier, ne pouvaient recevoir l'enseignement de Brown, en raison de leurs conceptions générales des phénomènes de la vie. Leibbrand a vu, mais rapidement dit, que l'obstacle résidait dans le vitalisme. Brown écrit, au paragraphe 72 des *Éléments* :

> D'après tout ce que j'ai dit jusqu'ici, il est constant que la vie est un état forcé[1]; qu'à chaque instant tous les êtres vivants tendent à leur destruction; qu'ils ne s'en garantissent qu'avec peine, pour peu de temps et par le secours de puissances étrangères, et qu'enfin ils meurent en succombant à une fatale nécessité (*cf.* aussi § 328).

Et encore :

> Oublierons-nous le principe fondamental de cette doctrine qui établit que nous ne sommes rien par nous-mêmes et que nous sommes entièrement subordonnés aux puissances externes (§ 609).

On peut imaginer la réaction devant de telles propositions de la part de ceux qui conservaient, par le truchement de l'École de Montpellier, quelque affinité avec le stahlianisme, avec la distinction du mixte et du vivant, avec l'idée selon laquelle l'âme est ce principe de vie qui défend l'intégrité de l'organisme contre la dissociation et la corruption de ses constituants chimiques; et plus encore, de la part de ceux auxquels Bichat venait enseigner que la vie est l'ensemble des fonctions qui résistent à la mort. Brown c'est l'anti-Bichat avant l'heure. Brown qui a dit avant Bichat : «Ouvrez des cadavres »[2] (§ 84) n'attendait pas de l'anatomie pathologique, d'ailleurs fort peu pratiquée par lui, malgré son admiration pour Morgagni, les mêmes enseignements que Bichat, qui décomposait l'organisme en tissus pour en distinguer les
53 propriétés spécifiques | de réaction vitale. Brown se flattait d'être le premier médecin ayant considéré et traité «le corps

---

1. Texte latin : *vitam coactum statum esse.* – Texte anglais : *life is not a natural, but a forced state.*

2. Texte latin : *Cadavera incidas.*

humain comme un tout » (§ 232 note, § 305 note); la notion
même de *consensus partium* lui semblait encore trop analytique. Dans son admiration nuancée pour Sydenham, le
reproche suivant trouve place : « Il n'eut aucune idée de la
science de l'organisme vivant, considéré comme un tout et
comme un objet propre de la médecine » (§ 406 note). Brown
enfin, en ne reconnaissant, qu'il s'agit d'animaux ou de végétaux, qu'un mode unique de vie, la stimulation de l'incitabilité (§ 327), refusait d'avance la célèbre distinction de la vie
végétative et de la vie animale exposée dans les *Recherches
physiologiques sur la vie et la mort.*

Il faut donc reconstituer, même sommairement, la théorie
de la vie qui soutient la pratique médicale de Brown, pour bien
comprendre comment les *Éléments de médecine* ont pu, à la
fois, déplaire aux Français et plaire aux romantiques allemands,
sensibles à la présence, dans cet ouvrage, de l'idée de totalité et
de l'idée de polarité, représentée chez Brown par le conflit de
la stimulation et de la faiblesse. Charles Daremberg a écrit :
« Chez nous, Brown fut bientôt éclipsé par Broussais »
(*Histoire des Sciences médicales*, 1870, p. 1142). Encore qu'il
ait vu dans l'irritation, le mal, au lieu de voir, comme Brown,
dans la stimulation, le remède[1], Broussais a retenu le principe

---

1. Broussais tirait des mêmes axiomes théoriques que Brown des
conclusions pratiques inverses. « Tous les malades de Brown sont destinés à
devenir des athlètes, tous les patients de Broussais seront réduits à l'état de
corps diaphanes, des mains de Brown on sort vermeil, de celles de Broussais on
s'échappe blanc comme un linceul, pour le premier la stimulation est le remède,
pour le second l'irritation est le mal, ici on ménage le sang, là on le verse à flots,
le médecin écossais attise et rallume le feu, le médecin du Val de Grâce voit
partout l'incendie et partout il cherche à l'éteindre », Ch. Daremberg, *Histoire
des sciences médicales*, p. 1121.

de l'identité, au degré d'intensité près, des phénomènes organiques normaux et pathologiques. Ce principe qui abolissait la
distinction de la pathologie et de la physiologie a été admis par
Magendie, par Auguste Comte et par Claude Bernard. Pour ce
dernier, et pour quelques autres, ce principe a fondé une
idéologie, celle du pouvoir illimité de la médecine, une idéo-
54 logie médicale libérée de toute allégeance à | l'hippocratisme [1].
C'est là un écho, prolongé dans le XIXᵉ siècle, du comman-
dement de John Brown : « Il faut stimuler ou débiliter. Jamais
d'inaction. Ne vous fiez pas aux forces de la nature » (§ 95,
cf. aussi § 598 note).

BIBLIOGRAPHIE

*Doctrine Médicale simplifiée, ou Éclaircissement et Confirmation du
Nouveau Système de Médecine de Brown*, par le Dr. WEIKARD
avec les notes de Joseph Frank, traduit de l'italien par René-
Joseph Bertin, Paris, Barrois, An VI, 1798.

Éléments de Médecine de John BROWN, traduit de l'original latin par
Fouquier, Paris, Demonville-Gabon, An XIII (1805).

BEDDOES (Thomas), *Observations on the Character and Writings of
John Brown*, London, 1795.

DAREMBERG (Charles), *Histoire des Sciences Médicales, Paris,
J.B. Baillière*, 1870, p. 650-672 et 1102-1156.

GLEY (Émile), « L'irritabilité », dans le *Dictionnaire encyclopédique
des sciences médicales*, 4ᵉ série, t. XVI (1889); reproduit dans les
Essais de philosophie et d'histoire de la biologie, Paris, Masson,
1900, p. 1-86.

---

1. Sur cette généalogie idéologique, *cf.* notre thèse de doctorat en
médecine, dans *Le Normal et le Pathologique*, Paris, PUF, 1966, p. 26-31.

LEIBBRAND (Werner), *Die Speculative Medizin der Romantik*, Hamburg, Claassen Verlag, 1956.

MARION (Henri), « Francis Glisson », *Revue Philosophique*, août 1882, p. 121-155.

RISSE (Günter B.), « The Quest for Certainty in Medicine : John Brown's System of Medicine in France », *Bull. of the History of Med.*, XLV, 1970, n° I.

– « The Brownian System of Medicine : Its Theoretical and Practical Implications », *Clio Medica*, V, n° I, 1970.

ROSSI (Ennio), « Giovanni Rasori (1766-1837), or Italian Medicine in Transition », *Bull. of the History of Med.*, XXIX, 1955, n° 2.

TEMKIN (Owsei), « The classical roots of Glisson's doctrine of irritation », *Bull. of the History of Med.* XXXVIII, n° 4, 1964.

TILLIETTE (Xavier), *Schelling. Une philosophie en devenir*, t. I, Paris, Vrin, 1970.

TSOUYOPOULOS (Nelly), « Die neue Auffassung der Klinischen Medicin als Wissenschaft unter dem Einfluss der Philosophie im frühen 19. Jahrhundert », *Berichte zur Wissenschaftsgeschichte*, I, 1978, p. 87-100.

DANS LA FIN DES « THÉORIES MÉDICALES »
AU XIX e SIÈCLE

Rien n'est plus instructif en histoire des sciences que la mise en rapport synchronique d'une pratique qui réussit et de théories hostiles, par impuissance à concevoir le déterminisme qui légitimerait cette pratique.

Le XIX e siècle avait un an quand le terme de « vaccine » fut proposé par un médecin suisse, le Dr Odier (1748-1817), pour être substitué à celui de cow-pox, qui désignait jusqu'alors la variole des vaches, que Jenner avait, depuis quelques années, élevée à la dignité d'un moindre mal préservatif de la variole humaine. On sait que la pratique de la vaccination, relayant progressivement celle de l'inoculation de la variole elle-même, est historiquement la première invention d'un traitement de maladie effectif, réel, faisant la preuve de son pouvoir de transformer massivement les conditions physiques et morales de la vie humaine. Or, aucun des systèmes médicaux de l'époque n'était, même de très loin, capable à la fois de justifier un tel succès, statistiquement mesurable, et d'expliquer certains échecs qu'on avait su assez tôt imputer à l'altération rapide de

ce qu'on nommait la «matière vaccine»[1]. Faute de com-
56 prendre, il est facile de condamner. Un | médecin anglais
s'indignait : «Est-ce à l'homme de changer le cours ordinaire
de la nature?» (*Inefficacité et dangers de la vaccine*, du
Dr Rowley[2]).

Comment aurait-on pu imaginer alors que la vaccination
ne faisait rien d'autre que d'utiliser, en le dirigeant, le cours
ordinaire de la nature? Comment aurait-on pu imaginer que
c'est par l'artifice des créations de chimistes que le pouvoir
ordinaire de la nature serait un jour à la fois compris et multi-
plié? Comment imaginer que la vaccino-thérapie, relayée par
la sérothérapie, serait fondée en vérité par la chimiothérapie?

Les théories médicales, ou plutôt les systèmes médicaux,
que le XVIIIe siècle transmettait au XIXe, sans pour autant lui
permettre de dominer intellectuellement la première grande
invention thérapeutique, devaient céder non pas devant de
meilleures théories médicales, mais devant une révolution
dans l'art de guérir instruite par la chimie, cette science dont
Laurent et Berthelot avaient dit qu'elle était créatrice de ses

---

1. On doit signaler, à ce sujet, l'ingéniosité des médecins espagnols de
l'époque. Pour importer le vaccin, venu de Paris en Espagne, dans les colonies
du royaume, ils embarquèrent, en novembre 1803, vingt-deux enfants non
vaccinés. Le premier fut vacciné au départ, le second en mer, grâce aux pustules
du premier et ainsi de suite jusqu'en Amérique du Sud. Trois ans après, le
Dr Balmis, chirurgien du roi, assurait Sa Majesté que la vaccination était
connue dans toutes les colonies espagnoles. *Cf.* P. Hauduroy, *Microbes*,
Lausanne, Rouge et Cie, 1944, p. 73 *sq.*

Cette expédition a fait l'objet de nombreuses études dont on trouvera
mention dans la plus récente, «The "Real Expedicion Maritima de la
Vacuna"», dans M.M. Smith, *New Spain and Guatemala, Transactions Amer.
Philos. Society*, vol. 64, part I, Philadelphie, 1974.

2. *Ibid.*, p. 55.

objets, autrement dit qu'elle change le cours ordinaire de la nature. C'est ainsi qu'à un siècle de distance Paul Ehrlich a justifié Edward Jenner. Cela ne s'est pas fait sans détours. Point n'est besoin d'être hégélien pour admettre qu'en médecine aussi les routes de l'histoire sont rarement droites.

* * *

En simplifiant, sans doute abusivement, la différence entre la médecine antique, avant tout la grecque, et la médecine moderne, suscitée par Vésale et Harvey, célébrée par Bacon et Descartes, on pourrait dire que la première est contemplative et la seconde opérative. La première est fondée sur la correspondance isomorphique de l'ordre du cosmos et de l'équilibre de l'organisme, s'exprimant dans un pouvoir naturel de correction de désordres, la nature médicatrice, que respecte | une thérapeutique d'expectation et de soutien. La seconde est 57 un activisme que Bacon souhaite voir instruit par la chimie, et Descartes par la mécanique. Cependant, entre ces époques séparées par la révolution copernicienne et ses conséquences critiques, la différence reste philosophique, sans effet perceptible sur la santé et la maladie de l'homme à l'échelle des sociétés humaines. Le projet commun à Bacon et à Descartes : préserver la santé, éviter ou du moins retarder la déchéance de la vieillesse, c'est-à-dire prolonger la vie, ne se traduit par aucune réalisation remarquable. Si Malebranche, le premier, et Mariotte, le second, ont pu parler d'une « médecine expérimentale », ce signifiant est resté dans l'attente de son signifié. Au XVIIIe siècle, la médecine est restée une symptomatologie et une nosologie explicitement calquée sur les classifications des naturalistes. L'étiologie médicale s'est dispersée dans la constitution de systèmes, rajeunissant les vieilles doctrines du solidisme et de l'humorisme, soit par référence aux nouvelles expériences ou aux nouveaux concepts en physique (attraction, galvanisme), soit, au contraire, par opposition métaphysique aux assimilations mécanistes. Quant à la thérapeutique, elle a oscillé entre l'éclectisme sceptique et le dogmatisme buté, mais sans autre fondement que l'empirisme. En somme, la médecine est restée tragiquement impuissante à réaliser son projet ; elle n'a pas cessé d'être un discours vide tenu sur des pratiques souvent apparentées à la magie. Ce que Freud a dit de la médecine antique, que le traitement psychique était pratiquement le seul à sa disposition, semble encore vrai du XVIIIe siècle, et pour une grande part encore du XIXe. Entendons par là que c'est la présence et la personne du médecin qui reste le remède principal pour les malades dont la maladie est faite, dans beaucoup de cas, de beaucoup d'angoisse. D'où un retour marqué, vers le milieu du XVIIIe siècle, à l'hippocratisme, à l'expectation, et au précepte *primum non nocere*. Retour d'autant plus sage que les adultes auxquels s'adresse le service ordinaire du médecin sont des organismes vigoureux, spontanément résistants, ayant subi victorieusement les épreuves, mortelles pour beaucoup, des maladies de l'enfance (dysenterie, maladies de carence) ou des maladies contagieuses (tuberculose, typhoïde). On en sait l'effet sur la durée moyenne de la vie humaine, sans parler des guerres et des famines. L'écart encore déplorable entre l'idée de médecine et l'acte du médecin explique pourquoi la maladie et la mort prématurée constituent les témoignages les plus graves de la limitation humaine, et donc les arguments du plus gros **58** | calibre parmi ceux que les philosophes du XVIIIe siècle ont fait valoir contre la Justice Divine quand ils la citaient à comparaître devant le tribunal de la raison.

Mais vers la fin du XVIIIe et les premières années du XIXe, quelque chose bouge dans ce tableau. Une nouvelle situation de la médecine en Europe s'établit à partir de trois phénomènes : 1) le fait à la fois institutionnel et culturel que Michel Foucault a nommé la naissance de la clinique, qui compose une réforme hospitalière, à Vienne et à Paris, avec la généralisation de pratiques d'exploration telles que percussion (Auenbrügger, Corvisart) et auscultation médiate (Laënnec), avec la référence systématique de l'observation des symptômes aux données de l'anatomo-pathologie : 2) la persistance et le développement, en Autriche comme en France, d'une attitude raisonnée de scepticisme thérapeutique, dont les travaux d'Ackerknecht ont souligné l'intérêt[1] ; 3) l'avènement de la physiologie comme discipline médicale autonome, progressivement affranchie de sa subordination à l'anatomie classique, à peine exercée à situer ses problèmes au niveau du tissu, ne soupçonnant pas encore qu'ils se poseront bientôt au niveau de la cellule, et recherchant du côté de la physique et de la chimie des exemples autant que des auxiliaires.

Tout cela fait que de nouvelles maladies étant identifiées et distinguées, notamment en pathologie pulmonaire (œdème du poumon ; dilatation des bronches) et cardiaque (endocardite), les anciens médicaments étant dépréciés par leur multiplication stérile, les théories médicales se discréditant par leur rivalité, le projet d'un nouveau modèle de médecine est élaboré : celui d'une connaissance sans système, recueil de

---

1. *Therapie*, Stuttgart, Enke, 1970. « Die Therapie in Fegefeuer während des 19. Jahrhunderts », *Osterreichische Arztezeitung*, XXIV, 5, März 1969. « Aspects of the History of Therapeutics », *Bulletin of the History of Medicine*, XXXVI, 5, sept.-oct. 1962.

faits, et si possible de lois, confirmés par l'expérimentation, connaissance susceptible de la conversion tant souhaitée en applications thérapeutiques dirigées par la conscience critique de leur portée.

En France, la construction d'un tel modèle a été successivement tentée par Broussais, par Magendie et par **59** Claude Bernard. Contrairement | à certains jugements tradi-tionnels en histoire de la médecine, il est possible de montrer que l'idée de ce modèle de médecine physiologique est restée de l'ordre de l'idéologie, et que si le projet en question a été finalement accompli, il l'a été par un détour et par des voies bien différentes de celles que les auteurs du projet avaient pu concevoir.

* * *

À l'articulation du XIXᵉ siècle avec le XVIIIᵉ, un système médical – sans doute le dernier des grands systèmes – s'étend sur l'Europe des hôpitaux et des Écoles de médecine, mobilise l'Italie et l'Autriche, enflamme en Allemagne les philosophes romantiques et les médecins de la *Naturphilosophie*, fournit un modèle d'explication universelle aussi bien à Novalis qu'à Schelling, c'est le système de Brown (*Elementa medicinæ*, 1780; *The Elements of Medicine*, 1795), la théorie de l'incita-bilité de l'organisme, la doctrine de la sthénie et de l'asthénie, la thérapeutique par la stimulation à outrance, l'antinaturisme radical. On en retiendra deux propositions percutantes, « la vie est un état forcé » (§ 72), et « jamais d'inaction, ne vous fiez pas aux forces de la nature : elle ne peut rien sans les choses externes » (§ 95).

Composons la lecture de Brown avec l'enseignement de Bichat. Du premier nous retenons que la maladie est non pas un *être* intra-organique mais une *relation* de l'organisme au milieu. Le second, scalpel en main, nous montre la maladie dans l'altération d'un tissu. Nous obtenons ainsi le principe d'une pathologie réellement étiologique ou causale, support d'une nosologie moniste dirigée contre toute nosologie essentialiste ou pluraliste.

> Le temps où l'on prétendait faire des êtres particuliers des désorganisations du poumon, de celles du sein, de celles du testicule, de celles du col utérin, etc., est déjà bien loin pour les médecins qui ont suivi les progrès de la médecine physio-logique. Un ostéo-sarcome, un spina-ventosa, une pneumonie et une gastrite chronique, ne reconnaissent point de principes différents. Le véritable observateur ne peut y voir que des résultats de l'irritation des tissus, qui ne varient que par des circonstances incapables de rien changer à | l'essence du mal [1].   **60**

Ce mal c'est l'inflammation, c'est-à-dire l'excès de l'irritation, condition normale de toute existence organique [2]. Le remède sera donc cherché dans la déplétion, générale par la saignée, locale par l'application de sangsues. L'ampleur de ce traitement systématique sur une population donnée a pu être mesurée. En 1820, la France exportait un peu plus d'un million de sangsues, en 1827, elle en importait plus de trente-trois

---

1. *Histoire des phlegmasies*, 1822, t. I, p. 55. Il est clair que par « essence » du mal, Broussais n'entend rien d'autre que l'identité d'une relation de cause à effet. La première édition de cette *Histoire* est de 1808.

2. « Toute exaltation locale des mouvements organiques assez considé-rable pour troubler l'harmonie des fonctions, et pour désorganiser le tissu où elle est fixée, doit être considérée comme une inflammation », *ibid.*, p. 63.

millions[1]. Telle est, brièvement exposée, la « médecine physiologique » de François Joseph Victor Broussais (1772-1838). Cette expression est polémique, elle vise à déprécier un certain usage de l'anatomo-pathologie, même renouvelée par Bichat. Il ne suffit pas d'avoir substitué une anatomie de nappes tissulaires à une anatomie d'organes régionaux, il faut encore rechercher pourquoi et comment l'altération concerne telle formation histologique et non telle autre, il faut savoir reconnaître dans un certain état de désorganisation l'effet d'un processus, en soi naturel et normal, mais d'une ampleur accidentellement hyperbolique.

Il suffira de rappeler, sans insister, que la diffusion et même la popularité de la doctrine, à son apogée vers 1830, année de la Révolution de Juillet – les opinions politiques de Broussais, contestataire républicain, étaient de notoriété publique – ne survécurent pas à l'épidémie de choléra de 1832.
61 La pratique de la statistique médicale, | inaugurée et défendue

---

1. E.H. Ackerknecht, *Medicine at the Paris Hospital, 1794-1848*, Baltimore, 1967, p. 62. Dans son Manuel de Santé « La médecine sans le Médecin », le Docteur Audin-Rouvière, grand détracteur de Broussais, et soucieux de prémunir ses lecteurs contre « la douloureuse et dégoûtante empreinte de ces hideux reptiles » écrivait : « Des négociants étrangers, impitoyables spéculateurs, en ont infesté la France, et ce qui paraît incompréhensible, les sangsues françaises ont bientôt manqué. Nos marais, nos étangs ont à peine pu fournir la quantité nécessaire à cette frénésie. L'Espagne, la Pologne, L'Égypte, l'Italie, la Turquie même, en alliées reconnaissantes, nous ont fait parvenir des cargaisons de ces vilaines bêtes pour nous sucer. Voilà donc les sangsues espagnoles, italiennes, égyptiennes, polonaises, turques, qui, à l'envi, s'abreuvent impunément du sang français ». Et, dans une note en bas de page : « On lit, sur le tableau d'une maison située près du canal Saint-Martin, l'inscription suivante : Maison de commerce pour les sangsues étrangères », *op. cit.*, 12e éd., Paris, 1829, p. 46.

par les travaux de P.-C.-A. Louis (1787-1872)[1], avait déjà montré que Broussais n'obtenait pas par sa méthode thérapeutique, plus de succès que ses collègues médecins des hôpitaux. D'une part, le choléra n'entrait pas dans le cadre d'une doctrine affirmant l'homogénéité de tous les processus morbides. D'autre part, la thérapeutique anti-phlogistique – on le comprend aisément aujourd'hui – se révélait impuissante à le combattre. Contraint de reconnaître que les deux-cinquièmes de ses malades hospitalisés étaient décédés, Broussais invoquait, contre ses détracteurs, les succès en clientèle privée. Mais la mort de son patient le plus éminent, Casimir Périer, premier ministre du roi Louis-Philippe, achevait de déconsidérer l'usage systématique des traitements physiologiques antistimulants[2].

On comprend alors pourquoi Claude Bernard, au moment où il a entrepris la défense et illustration de la physiologie comme science fondatrice d'une médecine authentiquement scientifique, s'est tellement appliqué à se démarquer de la tentative avortée de Broussais, péjorativement qualifiée par lui de « système ». Cette physiologie est, pour Cl. Bernard, « une physiologie finie, close, systématisée et ramenant tous les faits à une seule idée »[3]. Au contraire « la médecine expérimentale

---

1. J. Piquemal, « Succès et décadence de la méthode numérique en France à l'époque de Pierre-Charles-Alexandre Louis », *Médecine de France*, 1974, n° 250, p. 11-12 et 59-60.

2. J. Piquemal, « Le choléra de 1832 en France et la pensée médicale », *Thalès*, 1959, p. 27-72. *Cf.* la fin de l'article : « … Le corbillard de Casimir Périer emportait sans doute, virtuellement, avec lui un cadavre spéculatif : le "physiologisme" de F.-J.-V. Broussais ».

3. *Principes de Médecine expérimentale*, publiés en 1947 par L. Delhoume, chap. XIII, Lausanne, Alliance culturelle du Livre, 1962.

doit être fondée sur la physiologie expérimentale ». En somme Broussais n'a fait de progrès que dans « la manière de voir » [1] le rapport de la pathologie à la physiologie, alors que l'élucidation expérimentale de ce rapport doit conduire à une nouvelle manière d'agir [2].

* * *

62 | Ce que Cl. Bernard, dans le droit fil de la philosophie des Lumières, nomme ici un système, serait peut-être mieux nommé une idéologie médicale. Par idéologie scientifique – dénomination pour beaucoup encore discutable – on peut entendre un certain type de discours, à la fois parallèle à une science en cours de constitution et pressé d'anticiper, sous l'effet d'exigences d'ordre pratique, l'achèvement de la recherche. En sorte qu'une construction discursive est, par rapport à la science qui le fera qualifier d'idéologie, à la fois présomptueuse et déplacée. Présomptueuse, parce qu'elle se croit à la fin dès les commencements. Déplacée, parce que la

1. *Ibid.*, p. 211.

2. *Ibid.*, p. 189 et p. 406. Claude Bernard a réussi à diffuser parmi ses contemporains cliniciens l'idée d'une surveillance et d'un entraînement nécessaires de la pathologie par la physiologie, en faisant valoir la supériorité de la physiologie expérimentale sur la physiologie *a priori*. En 1866, un an après la publication de la célèbre *Introduction* J.M. Charcot paie son tribut de reconnaissance à Cl. Bernard dans l'introduction à ses *Leçons cliniques sur les maladies des vieillards et les maladies chroniques* (*Œuvres complètes de J.M. Charcot*, VII, p. III-XXXIII). Il signale aussi le « remarquable discours » de son ami Brown-Séquard devant le Collège des médecins d'Irlande (février 1865) : *On the importance of the application of Physiology to the practice of Medicine and Surgery*.

promesse de l'idéologie, quand elle est réalisée par la science, l'est *autrement* et sur *un autre terrain*.

Or ce que promettait Broussais, un autre commençait de l'effectuer à côté. Un autre qui, lui aussi, avait proclamé que « la médecine n'est que la physiologie de l'homme malade »[1]. Un autre qui un an après l'*Histoire des phlegmasies* (1808) de Broussais, avait publié l'*Examen de l'action de quelques végétaux sur la moelle épinière*. Un autre qui avait fondé le *Journal de physiologie expérimentale* (1821), un an avant la fondation par Broussais des *Annales de la médecine physiologique*, qui, enfin, dans cette année 1822 confirmait, par ses *Expériences sur les fonctions des racines des nerfs rachidiens*, la découverte de Charles Bell (1811). Les titres de ces premières publications suffisent à faire pressentir une autre orientation de la recherche en médecine, celle de François Magendie (1783-1855). Si Broussais est un médecin des hôpitaux militaires puis civils, Magendie est à la fois médecin des hôpitaux et homme de laboratoire. Pour lui, la physiologie expérimentale c'est l'étude des phénomènes physiques de la vie, par exemple l'absorption; c'est l'utilisation systématique de l'animal pour tester, sous le rapport pharmacodynamique, des substances chimiques nouvellement isolées, notamment des alcaloïdes. Dès 1821, le | *Formulaire* de Magendie indique **63** en sous-titre : « pour l'emploi et la préparation de plusieurs médicaments tels que la noix vomique, la morphine, l'acide prussique, la strychnine, la vératrine, l'iode, les alcalis des quinquinas » (c'est-à-dire la quinine de Pelletier et Caventou, 1820).

---

1. Cité par Bouillaud dans son *Essai sur la philosophie médicale et sur les généralités de la clinique médicale*, 1836, p. 69.

En somme, avec Magendie, la médecine expérimentale accomplit, par comparaison avec la médecine physiologique, un triple déplacement : de lieu, de l'hôpital au laboratoire ; d'objet expérimental, de l'homme à l'animal ; de modificateur externe ou interne, de la préparation galénique au principe actif isolé par la chimie pharmaceutique, par exemple de l'opium à la morphine, du quinquina à la quinine. De ces trois déplacements, celui qui a été d'abord le plus mal compris et évalué, c'est le second. Les vivisections pratiquées par Magendie ont provoqué protestations et manifestations hostiles, pour des raisons sans doute plus profondes qu'une compassion pour la souffrance animale. Conclure de l'animal à l'homme, c'est abolir la distance entre l'un et l'autre, c'est une assimilation tenue pour matérialiste, et capable, éventuellement, de susciter la tentation d'une extension à l'homme. Accusé de pratiquer des expériences sur l'homme, Magendie s'en est défendu. Si par contre l'administration de remèdes dont la preuve est à faire est une expérimentation – et Claude Bernard en a convenu un des premiers[1] – Magendie a expérimenté sur l'homme, à l'hôpital, considéré en somme comme un laboratoire dont la population permet la constitution de groupes et leur comparaison.

Pourtant, si l'histoire des sciences médicales retient légitimement le nom de Magendie, pour un ensemble de travaux sans doute dépassés, mais non oblitérés, elle doit retenir également le décalage frappant de sa thérapeutique relativement à sa physiologie. D'une part, en clientèle privée, Magendie fait montre de scepticisme thérapeutique et d'expectation

---

1. *Introduction à l'étude de la médecine expérimentale*, IIe partie, chap. 2, III : de la vivisection.

hippocratique. Selon Flourens, il disait à de jeunes confrères qu'il jugeait excessivement fiers de leurs prescriptions magistrales : « On voit bien que vous n'avez jamais essayé de ne rien faire »[1]. En ce qui concerne les maladies contagieuses, la physiologie de Magendie ne le rendit pas plus clairvoyant ou critique que le physiologisme | ne l'avait fait de Broussais. **64** Après l'épidémie de fièvre jaune à Barcelone, en 1821, Magendie avait approuvé à l'Académie des Sciences les conclusions d'un rapport anticontagionniste. Envoyé lui-même à Londres, en 1832, pour y étudier les mesures prises contre l'épidémie de choléra, il était rentré à Paris assuré de la non-contagiosité de l'infection. Président, en 1848, du Comité national d'hygiène publique, il obtint une modification de la législation relative à la quarantaine, cette vieille mesure de protection inventée au quatorzième siècle par Venise et Marseille[2]. Mais le plus surprenant n'est-il pas que ce pionnier de la pharmacologie expérimentale n'ait rien compris au mécanisme physiologique de l'anesthésie et se soit violemment opposé à son usage en chirurgie ? Il n'a pas admis cette forme d'expérimentation sur l'homme, a qualifié l'éthérisation d'« immoralité » qui transforme l'opéré en cadavre, qui produit chez les femmes des accès d'hystérie. D'une part, il n'a pas su voir que la découverte de l'anesthésie était un moment décisif de l'application de composés chimique définis à des mécanismes physiologiques isolés et non pas seulement une astuce de dentiste et de chirurgien. Peut-être parce qu'il avait redécouvert la double fonction, motrice et sensitive, des

---

1. « Éloge de Magendie », *Recueil des Éloges historiques*, IIIe série, 1862.
2. E.H. Ackerknecht, *History and Geography of the most important Diseases*, New York-London, 1965, p. 13.

nerfs rachidiens, il ne considérait pas la douleur comme une maladie. Selon lui « la douleur est une loi de la nature, une nécessité »[1]. D'autre part, il ne s'est pas intéressé au fait que les essais de drogues anesthésiantes ont été tentés par des médecins ou des chimistes sur eux-mêmes et que ce nouveau détour, l'autoexpérimentation humaine, permettait de donner au deuxième détour qu'il avait opéré lui-même, l'utilisation systématique de l'animal, toute son extension légitime.

* * *

Prenant au mot Magendie, auteur d'une boutade souvent rapportée, Cl. Bernard écrivait, un an avant sa mort, dans un projet d'introduction pour un *Traité de l'Expérience dans les Sciences Médicales* : « Magendie a été le chiffonnier de la physiologie. Il n'y a été que l'initiateur de | l'expérimentation ; aujourd'hui il faut créer la discipline, la méthode »[2]. Sans doute un chiffonnier qui se veut tel, comme Magendie, est-il, aux yeux de Cl. Bernard, supérieur à un systématique qui s'ignore comme Broussais. Mais quel est le sens de la revendication permanente, par Cl. Bernard, de son exclusivité dans la prise de conscience des exigences de *la* méthode expérimentale ?

On n'a peut-être pas assez remarqué l'importance, dans le discours méthodologique de Cl. Bernard, de deux concepts pour lui inséparables : théorie et progrès. La médecine expérimentale est progressive parce qu'elle élabore des théories et

1. R. Fülöp-Miller, *La victoire sur la douleur*, Paris, Albin Michel, 1940, p. 243.

2. *Principes de médecine expérimentale*, Lausanne, 1962, p. 440.

parce que les théories elles-mêmes sont progressives, c'est-à-dire ouvertes. Deux formules sont à retenir : « Jamais un expérimentateur ne se survit ; il est toujours au niveau du progrès » et « Avec les théories, il n'y a plus de *révolutions* scientifiques. La science s'augmente graduellement et sans secousse » [1]. Si l'on ajoute à ces concepts le déterminisme et l'action – la connaissance de l'un étant condition d'efficacité de l'autre – on obtient les quatre composantes d'une idéologie médicale en rapport manifeste de correspondance avec l'idéologie progressiste de la société industrielle européenne au milieu du XIXe siècle. Par comparaison avec des concepts récents dans la problématique de l'histoire des sciences, tels que ceux de rupture épistémologique (Bachelard) ou de structure des révolutions scientifiques (Kuhn), le concept bernardien de théorie sans révolution doit, légitimement, mobiliser l'esprit critique. La physique de l'époque continue à trouver chez Newton et chez Laplace ses raisons de croire dans des principes de conservation. Clausius n'a pas encore obtenu pour le principe de Carnot l'attention générale des scientifiques, à plus forte raison celle des philosophes. Les expériences de Faraday, les lois d'Ampère, les calculs de Maxwell n'ont pas encore fait du courant électrique le substitut possible du charbon comme puissance motrice du machinisme industriel. En 1872, le physiologiste allemand Du Bois Reymond – que Cl. Bernard a jugé, à plusieurs reprises, avec quelque hauteur – pousse sa confiance dans le déterminisme de type laplacien jusqu'à concevoir qu'on pourrait prévoir le moment où l'Angleterre brûlera son dernier morceau de charbon | (*Uber* **66** *die Grenzen des Naturerkennens*). Or, c'est en 1872 que

1. *Ibid.*, p. 179-180.

l'Académie des Sciences à Paris, consultée pour la seconde fois sur l'invention de Zénobe Gramme, ouvrier électricien, reconnaît enfin que la pratique a devancé la théorie, et authentifie une révolution dans la technique. En résumé, le concept de théorie sans révolution que Cl. Bernard prend pour fondement solide de sa méthodologie n'est peut-être qu'un indice de la limitation interne de sa propre théorie médicale. La médecine expérimentale, agissante, conquérante, dont Cl. Bernard pense construire le modèle définitif est la médecine d'une société industrielle. Quand il l'oppose à la médecine contemplative, expectante, c'est-à-dire celle des sociétés agricoles vivant dans une durée quasi biologique, il ne parvient pas, lui, fils de vigneron, resté attaché à son terroir, à concevoir pleinement que la science de l'époque n'exige pas du savant seulement l'abandon d'idées invalidées par les faits, mais surtout le renoncement actif à son style personnel de recherche des idées, exactement comme, à la même époque, les progrès de l'économie exigent le déracinement des hommes nés à la campagne.

La limitation interne de la théorie bernardienne de la maladie, de son étiologie et de sa pathogénie, doit être paradoxalement attribuée aux premiers succès des recherches du successeur de Magendie. C'est pour avoir découvert l'influence du système nerveux sympathique sur la chaleur animale (1852), pour avoir, au cours des travaux relatifs à la glycogenèse, provoqué un diabète artificiel par lésion du pneumogastrique au niveau du quatrième ventricule (1849-1851), pour avoir démontré l'action élective du curare sur les fibres nerveuses motrices (1844-1864) que Cl. Bernard a formé l'idée, sur laquelle il n'est jamais revenu, que tout désordre morbide est sous la dépendance du système nerveux [1], que les maladies sont des empoisonnements, que les virus infectieux sont des agents de fermentation altérant le milieu intérieur dans lequel vivent les cellules [2]. Or, si par la suite ces propositions ont été parfois reprises dans des contextes tout différents au niveau expérimental, il n'en reste pas moins qu'aucune n'est à l'origine, directement ou indirectement, d'une application thérapeutique positive. | Il y a plus; ces convictions **67** obstinées en matière de pathogénie, ont interdit à Cl. Bernard de pressentir l'avenir de réalisations pratiques ouvert par les travaux de certains de ses contemporains, dédaignés par lui du fait qu'ils n'étaient pas physiologistes. Sous l'effet du principe d'identité entre le normal et le pathologique, Cl. Bernard ne pouvait s'intéresser sincèrement ni à la pathologie cellulaire, ni à la pathologie des germes.

Sans doute Cl. Bernard acceptait, non sans restriction puisqu'il a toujours admis l'existence du blastème, la théorie cellulaire. Mais il objectait à l'auteur de la *Zellularpathologie* (1858), à Rudolf Virchow, l'origine nerveuse des altérations constatées au niveau des cellules.

> La cellule excitée normalement, se nourrit et conserve ses propriétés; la cellule irritée prolifère et s'altère, donne un tissu hétérologue. Virchow ne veut pas que les nerfs soient des causes d'irritation. Je pense le contraire [3].

---

1. Cl. Bernard restait fidèle, à sa manière, à l'opinion de Cuvier pour qui le système nerveux est tout l'animal et, au fond, le seul régulateur organique.

2. *Cf.* M.D. Grmek, *Raisonnement expérimental et recherches toxicologiques chez Cl. Bernard*, Genève-Paris, Droz, 1973. Voir notamment p. 408-416.

3. *Principes de médecine expérimentale*, p. 227.

Et encore :

> Les nerfs dominent les humeurs… Il faut absolument être
> neuropathologiste et lui subordonner l'humorisme (*sic*)[1].

Claude Bernard est mort le 10 février 1878. C'est le
30 avril suivant qu'à l'Académie de Médecine, à Paris, Louis
Pasteur, qui n'était pas médecin mais chimiste, donnait lecture
d'une communication de vingt-trois pages sur *La théorie des
Germes et ses applications à la médecine et à la chirurgie*[2].
Cette théorie qui porte déjà en elle, par les travaux de Koch et
de Pasteur, la promesse, qui sera tenue, de guérison et de survie
pour des millions à venir d'hommes et d'animaux, porte également
ment l'annonce de la mort, précisément, de toutes les théories
médicales du XIXᵉ siècle. De Pasteur, Cl. Bernard, à plusieurs
reprises, dit qu'il « suit ses idées », qu'il « veut diriger le cours
de la nature »[3]. Or, si Cl. Bernard ne suit pas les idées de
Pasteur, c'est bien parce qu'il suit la sienne propre, c'est-à-dire
toujours l'idée selon laquelle la maladie n'est pas une innova-
68 tion fonctionnelle. Il | s'étonne qu'on puisse lui demander : à
quoi de normal correspondent la variole, la rougeole, la scarla-
tine ? Il soutient que « Ces maladies répondent évidemment à
des fonctions de la peau qui nous sont encore inconnues », que
« le virus syphilitique et le virus rabique se produisent sous
l'influence nerveuse »[4], que les virus mêmes ne sont pas

---

1. *Ibid.*, p. 240. Sur cette question, *Cf.* M.D. Grmek, « Opinion de
Cl. Bernard sur Virchow et la pathologie cellulaire », *Castalia*, XXI, n° I
Janvier-juin, 1965, Milan.

2. Il n'est pas sans intérêt de rappeler que c'est en 1878 que le terme de
microbe est inventé par Sédillot.

3. *Principes de médecine expérimentale*, Appendice 1877, p. 436.

4. *Ibid.*, p. 212-213-214.

nécessaires à la manifestation des prédispositions, qu'il y a des « rages spontanées »[1]. Si importante qu'ait pu paraître par la suite, la part du terrain dans la relation microbe-organisme, on conviendra qu'une certaine utilisation des concepts de la physiologie bernardienne constituait un véritable obstacle à la préparation de la révélation thérapeutique opérée vers la fin du siècle, conjointement, par les élèves de Pasteur et les élèves de Robert Koch.

* * *

Si Claude Bernard n'a pas bien compris Virchow qui pourtant professait, lui aussi, que « la pathologie n'est rien

---

1. *Ibid.*, p. 244. Qu'on puisse, avant 1878, croire à l'étiologie nerveuse de la rage, passe encore. Mais après 1886 ? après que Meister et Jupille ont été guéris, en 1885, par l'inoculation de mœlle rabique desséchée, après que, le 12 avril 1886, sept cent vingt-six malades ont été guéris dans le Laboratoire de la rue d'Ulm ? Et cependant Paul Hauduroy rapporte un cas exemplaire d'obstination épistémologique. Un certain Paul Boullier, médecin-vétérinaire à Courville, dans l'Eure-et-Loire, fit une série de conférences, qu'il publia ultérieurement sous le titre *La vérité sur M. Pasteur*. Violence et grossièreté constituaient l'essentiel des paroles prononcées par Boullier, et je ne parle ni des erreurs ni des absurdités. Les partisans de Pasteur sont des « inoculés », des « démuselés », les microbes sont les « produits et non les agents de la fermentation », la rage n'est pas une maladie, mais « le reflet d'une affection nerveuse offrant suivant les cas des caractères différents », un vétérinaire est « un vétérinaire et non un chimiste ». On venait d'annoncer à l'Académie de médecine que le tétanos était une maladie microbienne. « Comment ! Le tétanos est une affection contagieuse ! Quel est donc l'homme sérieux qui peut soutenir une pareille hérésie ? ». Dans son livre, une note discrète indique que « par respect pour les nombreuses dames qui nous ont fait l'honneur de venir nous entendre à notre conférence, nous avons évité de dire que l'Illustre Savant vaccine au ventre, au-dessus du nombril » dans *Microbes*, Lausanne, Rouge et Cie, 1944, p. 134.

d'autre qu'une physiologie avec obstacles» c'est d'abord parce que la pathologie cellulaire lui semblait être un retour au point de vue anatomique en médecine, c'est ensuite parce que Virchow, dans le laboratoire duquel Schwann avait reconnu

69 à l'animal la texture cellulaire décrite chez le | végétal par Dutrochet, Brisseau-Mirbel et Schleiden, avait en formulant l'aphorisme *omnis cellula a cellula*, rejeté l'idée d'un consti- tuant originaire de l'organisme du type du blastème. Le déve- loppement cellulaire est une génération d'organisations. Le sang lui-même est composé d'éléments organisés. Ni le vaisseau, ni le nerf ne sont nécessaires à la vie de la cellule. L'organe n'est sous la dépendance des humeurs à aucun point de vue, ni structural, ni fonctionnel. C'est l'humeur qui est sous la dépendance directe ou indirecte de certains organes, quant à la nature de l'action qu'elle exerce sur l'organisme. En transportant la théorie cellulaire du laboratoire, où elle est née, dans l'annexe de la clinique hospitalière, Virchow ne lui a conféré une importance pour la pratique, en prévention, en thérapeutique, que sous le rapport de l'intervention chirurgi- cale. L'anatomo-pathologie microscopique a réformé la patho- logie et le traitement des tumeurs. Mais, comme l'a montré Ackerknecht à plusieurs reprises, la pathologie cellulaire n'a pas entraîné de conséquences thérapeutiques, Virchow et ses élèves n'ont ajouté aucun trait nouveau à la figure des grands cliniciens allemands de l'époque [1].

Et pourtant, c'est l'extension des examens microscopiques de préparations cellulaires et la pratique des colorations à base de dérivés synthétiques de l'aniline, industriellement fabri- qués en Allemagne à partir de 1870, qui devaient aboutir, pour

1. « Zellularpathologie und Therapie », *Clio Medica*, V, n° 1, avril 1970.

la première fois dans l'histoire de la médecine, à une thérapeutique aussi efficace que libre de toute théorie médicale,
la chimiothérapie, inventée par Paul Erhlich (1854-1915).
Erhlich avait appris de Waldeyer, à Strasbourg, l'usage des
colorants pour l'examen des tissus normaux ou pathologiques,
il avait suivi à Breslau les cours d'anatomie pathologique
de Julius Cohnheim (1839-1884), un élève de Virchow, qui
devait établir que le passage des leucocytes à travers la paroi
des capillaires constitue le processus de l'inflammation. Par
Cohnheim, l'enseignement de Virchow a atteint Ehrlich. Mais
si la pathologie cellulaire a une responsabilité indirecte dans
l'invention de la chimiothérapie, la responsabilité directe en
revient à la bactériologie et à la découverte du phénomène
de l'immunité. Le problème posé et résolu par Ehrlich peut
s'énoncer ainsi : par quels composés chimiques, ayant affinité
spécifique pour tels agents infectieux ou pour telles cellules, à
l'imitation des antitoxines présentes | dans les sérums curatifs, **70**
pourrait-on agir directement sur la cause et non sur les
symptômes ?

Ce n'est pas le lieu de rappeler ici toutes les circonstances
de la découverte de l'immunité et de raviver une querelle de
priorité, comme il s'en trouve souvent pour rappeler à qui sait
faire usage de l'histoire que la constitution d'un savoir de
nature scientifique n'est pas nécessairement liée à l'existence
simultanée de tous les savants qui s'en disent les auteurs[1]. Peu
importe que l'École de Berlin ait précédé de quelques mois
l'École de Paris, que von Behring, élève de Koch, ait devancé
Roux, élève de Pasteur, dans la conclusion qu'on ne peut pas

---

1. *Cf.* F. Dagognet, *L'immunité, historique et méthode*, conférences du
Palais de la Découverte, Paris, 4 janvier 1964.

soigner la diphtérie par un vaccin mais seulement la prévenir,
par injection de sérum de convalescent, si toutefois on a un
convalescent, c'est-à-dire un survivant. Roux a su préparer la
toxine *in vitro*. Von Behring a su en atténuer la virulence par le
trichlorure d'iode. Roux a su mieux que von Behring exalter
l'activité du sérum. Pourtant Ehrlich, que Koch a mis en
rapport avec von Behring, rêve de demander à la chimie un
pouvoir sans commune mesure avec celui de la nature[1]. C'est
alors que surgit l'idée de rechercher des substances ayant des
affinités spécifiques pour tel parasite et pour ses toxines, sur le
modèle des colorants capables d'affinité histologique élective.
En somme, un colorant est, pour un organisme sain ou infecté,
un vecteur dirigé vers telle ou telle formation. Lorsqu'un
composé chimique électivement orienté vers une cellule la
pénètre, l'opération est analogue à celle qui permet à une clé
d'entrer dans une serrure de sûreté. On sait que le premier
succès de Ehrlich a été, en 1904, en collaboration avec Shiga,
la découverte du rouge Trypan destructeur du trypanosome de
la maladie du sommeil. Sont venus ensuite le Salvarsan,
ou 606 (1910) et le Néo-Salvarsan, moins efficaces contre la
syphilis qu'on ne l'avait d'abord cru. Mais le vrai succès des
71 travaux de Ehrlich | réside moins dans les produits qu'il a lui-
même réussi à obtenir que dans ceux qui devaient être ultérieurement découverts en conformité avec son hypothèse de base :

---

1. Sur Ehrlich et son œuvre : H. Lœwe, *Paul Ehrlich, Schöpfer der
Chemotherapie*, Stuttgart 1950 – F.M. Ibanez, *The Mind and the World of
Paul Ehrlich*, New York, In Centaurus, 1958, p. 257-269 – L. Vogel, «Paul
Ehrlich», *Revue d'histoire de la médecine hébraïque*, n° 84 et 85, juillet et
octobre 1969 – P.M.H. Mazumdar, «The antigen-antibody Reaction and the
Physics and Chemistry of Life», *Bull. of the Hist. of Medicine*, XLVIII, 1974,
n° 1, p. 1-21.

l'utilisation systématique des affinités des colorants chimiques, pour la fabrication artificielle d'antigènes. C'est ainsi que Gehrardt Domag inventait le prontosil rouge (1935), la première espèce d'une série glorieuse de sulfamides, dont l'efficacité progressivement déclinante faisait saluer comme le plus grand des triomphes, à ce jour, la synthèse chimique, par Florey et Chain, de la pénicilline (1939). Sans doute, la pratique thérapeutique n'a-t-elle pas été, pour autant, réduite à l'application automatique et rigide des composés chimiques anti-toxiques ou anti-biotiques, comme s'il suffisait d'introduire le remède dans l'organisme pour qu'il y opère infailliblement. Il a fallu apprendre que l'agent infectieux s'adapte à la substance qui le prend pour cible, que l'organisme peut se défendre, paradoxalement, contre son défenseur chimique. Il a donc fallu inventer des thérapeutiques d'association[1]. Mais cet apprentissage d'une souplesse raisonnable, caractéristique de la thérapeutique contemporaine, n'a été rendu possible que par la simplification rationaliste inhérente au projet d'Ehrlich : puisque les cellules choisissent parmi les colorants, inventons des colorants que ne manqueront pas de choisir telles cellules.

Or, qu'est-ce qu'inventer un colorant ? C'est déplacer ou substituer des atomes sur une molécule, c'est construire une structure chimique, c'est en quelque sorte lire une couleur sur une formule développée. Le projet d'Ehrlich n'était pas pensable, n'était pas possible du temps de Magendie. C'est en 1856 que William Perkin senior a obtenu la teinture mauve d'aniline au terme d'une recherche dont il prévoyait un tout

---

1. Sur toutes ces questions, *cf.* F. Dagognet, *La raison et les remèdes*, Paris, PUF, 1964, et aussi « Surréalisme thérapeutique et formation des concepts médicaux », dans *Hommage à Gaston Bachelard*, Paris, PUF, 1957.

autre résultat. C'est en 1865 que Kékulé publiait son Mémoire sur *La constitution des substances aromatiques*. Après avoir fixé définitivement la tétravalence du carbone, Auguste Kékulé (1829-1896) donnait la formule du benzène, en désignait les dérivés du nom de série « aromatique » pour les distinguer des composés de la série grasse, qui avaient été, avec les alcools, les principaux objets des chimistes de la période Magendie-Bernard.

72 | Mais la construction théorique des nouveaux objets chimiques trouvait sa confirmation massive dans la production technique par les procédés de l'industrie chimique. L'alizarine, principe colorant de la garance, que Perkin en Angleterre, Graebe et Caro, en Allemagne, avaient séparément et simultanément synthétisée en 1868, était fabriquée, dix ans après, à raison de neuf mille cinq cents tonnes par an. Enfin, c'est l'aniline, le plus travaillé de tous les colorants, qui prêtait le prestige de son nom aux firmes allemandes, *Badische Anilin und Soda Fabrik* d'abord, *Anilin Konzern* ensuite (1904).

Ainsi, deux des conditions de possibilité de la chimiothérapie et de sa substitution aux thérapeutiques nées de l'application de théories médicales : une nouvelle représentation symbolique des choses chimiques, une nouvelle technique substituant à l'extraction de substances la production de « produits », sont des événements datés, à leur place dans un devenir non déductible par avance. Pas de chimiothérapie sans une certaine société scientifique, sans une certaine société industrielle. Entre Jenner et Ehrlich, il faut qu'advienne l'imprévisible pour les médecins des premières années du siècle : l'aniline. Dans son étude sur le rationalisme de la couleur, Gaston Bachelard a écrit :

Le chimiste pense la couleur dans l'épure même qui guide sa création. Et là, il y a une réalité objective communicable, une réalité sociale marchandable. Qui fabrique l'aniline connaît la réalité et la rationalité de la couleur [1].

* * *

Mais, on l'a vu, il y a une troisième condition historique de possibilité de la chimiothérapie, c'est la découverte de la sérothérapie. Cette condition historique dépend elle-même de conditions historiques, dans lesquelles nombre d'historiens de la médecine sont trop complaisamment portés à ne voir que des accidents survenus au cours d'activités techniques. Si l'on choisit de chercher dans les travaux de Pasteur plutôt que dans ceux de Koch le point de départ des pratiques d'immunisation mises au point à la fin du siècle, c'est en raison de l'antériorité chronologique et en raison aussi de la plus grande | généralité **73** biologique de son œuvre scientifique, parce que :

> elle ne modifie pas seulement la nature des liens établis entre la biologie et la chimie, mais aussi la représentation du monde vivant en général, les relations qui se tissent entre les êtres, la distribution des rôles dans les activités chimiques qui se déroulent sur cette terre [2].

Contrairement à une thèse souvent exposée, François Dagognet [3] pense que Pasteur n'a pas créé progressivement le « pastorisme » parce que des problèmes relatifs à des difficultés ou des obstacles techniques lui ont été posés par des

---

1. *Le matérialisme rationnel*, Paris, PUF, 1953, chap. VII, p. 202.
2. *Méthodes et doctrine dans l'œuvre de Pasteur*, Paris, PUF, 1967.
3. *Op. cit.*, p. 67.

industriels, des artisans ou des éleveurs : « maladies » de la bière, des vins, des vers à soie, des moutons, etc. C'est au contraire parce que, dès les premiers problèmes de chimie théorique qui lui ont été posés, Pasteur a conçu la modification expérimentale des produits naturels comme moyen théorique d'analyse du réel, qu'il a rencontré des problèmes d'ordre technique. Parce que le laboratoire est un lieu de dislocation des données naturelles ou des produits empiriques de l'art, un lieu de libération des causalités dormantes ou contrariées, en somme un lieu d'élaboration d'artifices destinés à rendre le réel manifeste, la science de laboratoire est d'elle-même en prise directe sur l'activité technique.

La révolution dans les idées médicales a commencé par l'introduction en chimie de deux méthodes d'étude des propriétés des cristaux : la configuration stéréométrique selon les systèmes de symétrie, la polarimétrie. Mal satisfait des explications de Mitscherlich concernant l'effet de la lumière polarisée sur les tartrates et les para-tartrates, Pasteur découvre la différence d'orientation des facettes de cristaux de para-tartrates. En isolant les deux espèces de cristaux, on observe que leurs solutions dévient, l'une à droite et l'autre à gauche, la lumière polarisée. Par contre le mélange, à parties égales, des deux espèces est optiquement neutre. Lorsqu'en 1857 une solution de paratartrate de calcium vient à fermenter sous l'action d'une moisissure, Pasteur constate que seule la forme droite est altérée. D'où la mise en rapport des propriétés de microorganismes avec la dissymétrie moléculaire. Dagognet a montré comment la microbiologie s'est fondée sur le retournement génial d'un énoncé de biochimie. Un vivant microscopique, | moisissure ou levure est capable de différencier deux espèces d'un isomère optique. Réciproquement, la fourniture de la substance élue par le microorganisme doit lui permettre de se développer et de se démasquer dans le milieu qui le dissimulait. Donc, le pastorisme convertit la séparation chimique par les bactéries en isolement bactériologique par l'isomère chimique[1]. Confirmé dans l'idée d'une opposition de structure entre vital dissymétrique et minéral, fondé par là à refuser toute explication accueillante à l'idée de génération spontanée, Pasteur lie, dans une même unité théorique, le germe, la fermentation et la maladie. Le rappel des progrès, des hésitations, des reculs, des erreurs momentanées même dans l'élaboration de cette théorie n'est pas nécessaire à l'intelligence de son importance pour notre esquisse historico-épistémologique.

C'est par la cristallographie que Pasteur a trouvé le critère de l'originalité structurale du vivant ; il est dissymétrique. Ainsi la médecine pratique, celle qui à la fin du siècle commencera de tenir pour la première fois les promesses de la médecine de toujours, se trouve-t-elle fondée en efficacité par une recherche dont les fondements sont éloignés de la pratique autant qu'il est possible. Et ainsi se trouve complet, achevé, le détour ou le déplacement au terme duquel les systèmes légués par les médecins du XVIIIe à ceux du XIXe siècle, ou bien les nouveaux modèles inventés par les physiologistes de la première moitié du XIXe, sont renvoyés dans l'empyrée des idéologies. Les trois premiers moments du déplacement : de lieu, de l'hôpital au laboratoire ; d'objet, de l'homme à l'animal ; de moyen, de la préparation galénique au composé chimique défini ont attendu le quatrième pour porter leurs fruits. Pasteur n'a pas trouvé *sur* le vivant la solution des problèmes pathologiques du vivant. Il l'a trouvée sur le cristal,

1. *Op. cit.*, p. 67.

forme géométrique du minéral chimiquement pur. Il ne l'a
pas trouvée en assimilant le vivant à l'inerte, comme l'avait
fait l'un des exécutants des premiers détours, Magendie, mais,
bien au contraire, en distinguant par leur structure la plus générale le vivant et l'inerte. Il est normal que le détour pasteurien
n'ait pas d'abord été compris des contemporains, fascinés par
l'autorité de Cl. Bernard. En voici un témoignage. En 1863, le
75 chirurgien Léopold Ollier (1830-1900) écrivait : | « La nature
morte ne peut nous servir, mais la nature vivante nous fournit
des termes de comparaison acceptables »[1]. Ce n'est pas la
première fois que, bénéficiant des conséquences pratiques
d'une invention théorique, un homme n'en comprend ni les
origines ni le sens.

* * *

Il est bien connu que, déjà fortifiée par l'invention des
anesthésiques, la pratique chirurgicale a été transformée par
celle de l'asepsie et de l'antisepsie. Ce sont les chirurgiens
qui ont été les premiers bénéficiaires des travaux de Pasteur.
Quand Lister, lecteur assidu de Pasteur, préconisa avec succès,
en 1867, l'usage systématique de l'acide phénique, il y avait
vingt ans que le génial et pitoyable Semmelweis, mort en
1865, avait été chassé de la clinique obstétricale de Vienne,
pour avoir exigé des étudiants le lavage des mains[2].

1. Cité par R. Leriche, *La philosophie de la chirurgie*, Paris, Flammarion,
1951.
2. Sur la révolution chirurgicale au XIXe siècle, *cf.* P. Lecène, *L'évolution
de la chirurgie*, Paris, Flammarion, 1923. W. von Brunn, *Histoire de la
chirurgie*, trad. fr. Ch. Coury, Paris, Lamarre, 1955.

Quant à la médecine, elle a dû attendre jusqu'à la fin du siècle les techniques et les produits thérapeutiques capables d'une action sur la maladie qui ne fût ni symptomatique ni imaginaire. Il y aurait toutefois quelque injustice à conclure qu'elle recueillait des fruits dont aucune part ne lui revenait. Ce doit être en histoire des sciences un fil conducteur que d'admettre qu'à une époque donnée – et singulièrement depuis le XVIIᵉ siècle – les discordances et les rivalités dans la communauté scientifique ne peuvent pas faire obstacle absolument à la communication. D'une part, il n'est pas possible de n'être pas touché par ce qu'on repousse. D'autre part, alors même que l'échange serait impossible, reste que l'on se fournit au même marché. Au XIXᵉ siècle, il s'agit d'abord d'un marché des instruments et des matériaux. Mais il y a aussi, malgré des finalités pratiques différentes, constitution | d'un champ **76** commun d'exploration. À la longue, il ne peut pas y avoir deux chimies, celle des pharmaciens et celle des chimistes. S'il y a deux pharmacologies, celle des pharmaciens et celle des médecins, elles ne s'opposent pas dans leurs prémisses. S'il y a plusieurs disciplines dans une Faculté de Médecine, les étudiants n'y ont qu'une tête et s'il y a plusieurs services de clinique ou de laboratoire dans un hôpital, le corps d'un malade ne se divise pas. Il est donc impossible de concevoir, en médecine au XIXᵉ siècle, la production d'un savoir, comme le savoir bactériologique, qui ne devrait rien à la contagion des

Sur Semmelweis, L.-F. Céline, *Mea Culpa*, suivi de *La vie et l'œuvre de Semmelweis*, Paris, Denoël et Steele, 1937.

Mais surtout, a) G. Gortvay et I. Zoltan, *Semmelweis. His Life and Work*, Budapest, 1968, b) E. Lesky, *Ignaz Philipp Semmelweis und die Wiener medizinische Schule*, Graz-Vienne-Cologne, 1964.

théories médicales qu'il a contribué à reléguer dans la réserve des idéologies.

En fait, l'extension systématique de l'autopsie et de l'inspection anatomo-pathologique, depuis la fin du XVIIIe siècle, en Europe, avait déjà substitué à la lecture de signes sur le corps du malade, la recherche de lésions dans son corps, et jusque par-delà la mort. À la rigueur on peut considérer que la théorie microbiologique de la maladie infectieuse portait à rechercher dans la même direction la cause du mal. Entre l'anatomo-pathologie et la biologie, l'examen histopatho-logique et la pratique de la biopsie [1], sous l'effet de la pathologie cellulaire, avait en quelque façon constitué un relais dans la réduction d'échelle de la cause pathogène.

Ensuite, de nouvelles écoles cliniques, en Autriche, en France, en Allemagne, avaient ruiné des concepts polyvalents en pathologie, comme ceux de fièvre ou d'inflammation, qui avaient cours au début du siècle. À l'intersection de l'anatomo-pathologie et de la clinique, les médecins avaient appris à pratiquer un diagnostic différentiel, à constituer des syndromes individualisés. C'était là une condition, non suffisante certes, mais nécessaire pour que l'idée d'une étiologie spécifique fût formée. Il s'agissait bien d'une révolution conceptuelle. Auparavant la spécificité était le fait du remède, et c'est en elle qu'on cherchait un indicateur de la nature de la maladie. Ce n'était là, à vrai dire, qu'une spécificité symptomatique. Entre la vieille notion de spécificité médicamenteuse et la toute jeune notion de spécificité de l'agent microbien, la notion de spécificité pathologique a pu jouer un rôle positif.

---

1. Le terme de *biopsie* a été inventé en 1879 par E. Besnier, dermatologiste parisien.

| On peut même, à la rigueur, admettre que l'obstination de **77** Claude Bernard à identifier maladie et empoisonnement, à chercher la maladie dans l'altération toxique, sous l'action du système nerveux, des éléments du milieu intérieur où baignent les cellules, a pu préparer les esprits à comprendre que l'infection consistait dans la libération par les microorganismes de chaque espèce d'une toxine propre. Et cela, malgré l'hostilité de Cl. Bernard à l'explication pastorienne des fermentations, hostilité rendue publique par Marcellin Berthelot, qui fit paraître dans une revue, quelques mois après la mort de Claude Bernard, une note inédite dans laquelle il avait pris parti pour l'explication spontanéiste de la fermentation alcoolique, admettant la génération spontanée de levure dans le liquide en fermentation, expliquant le phénomène par la présence d'un ferment non vivant, ce que Pasteur refusait, à tort d'ailleurs, comme on sait.

Mais cette esquisse d'un plaidoyer en faveur d'hommes que l'histoire de la thérapeutique a abandonnés sur des chemins qu'elle-même n'a pas empruntés ne doit pas faire oublier que les mérites qu'on veut bien leur reconnaître encore sont mesurés par leur rapport indirect à l'œuvre collective élaborée sans eux.

CONQUÊTES DE LA RATIONALITÉ BIOLOGIQUE
AUX XIX ᵉ ET XX ᵉ SIÈCLES

| I. LA FORMATION DU CONCEPT   **81**
DE RÉGULATION BIOLOGIQUE
AUX XVIIIe ET XIXe SIÈCLES

Lorsque, en 1901, fut publié, à Leipzig, un ouvrage intitulé *Die organischen Regulationen*, il put paraître qu'un objet de savoir spécifique se constituait en biologie animale. L'auteur de l'ouvrage, Hans Driesch (1867-1941), était un embryologiste. Il est connu pour avoir fait appel au vocabulaire de l'ontologie et de la téléologie aristotéliciennes, en vue de « comprendre » les résultats des recherches expérimentales poursuivies, sous l'impulsion de Wilhelm Roux, par l'École de l'*Entwicklungsmechanik*. On sait que la distinction faite entre les œufs dits « en mosaïque » et les œufs dits « à régulation » – distinction dont la rigidité fut d'ailleurs mise en doute presque dès le début – mettait fin provisoirement, pour les embryologistes, à la controverse sur l'isotropie ou l'anisotropie de l'œuf, suscitée, après 1875, par les travaux de Wilhelm His, entre lui-même et Eduard Pflüger, et qu'avaient alimentée dans les vingt dernières années du siècle les recherches de Chabry, d'Oskar Hertwig, d'Edmund Wilson et de quelques autres.

En reconnaissant, dans les premiers blastomères d'un œuf en développement, une « potentialité totale » c'est-à-dire une

capacité d'imposer au devenir d'une partie une règle de conformité à la structure d'un tout, les embryologistes complétaient
et confirmaient la reconnaissance par les physiologistes de
fonctions contrôlant d'autres fonctions et, par le maintien de
certaines constantes, permettant à l'organisme de se compor-
ter comme un tout. Ces fonctions avaient reçu, dans le dernier
tiers du XIXe siècle, le nom de « régulation ». L'invention
laborieuse de cette dénomination, nécessairement dépendante
d'une conceptualisation progressive, a une histoire difficile à
82 exposer. Le | terme s'est introduit en physiologie par voie de
métaphores, à une époque où les fonctions qu'il désigne
étaient encore bien éloignées d'avoir suscité les études comparatives d'où devait sortir une théorie générale des régulations
et de l'homéostasie organiques, apte en revanche à fournir
elle-même des métaphores inspiratrices de rationalisations
rigoureuses, d'où devait naître un jour la cybernétique. On
connaît la lignée : *Claude Bernard qui genuit Cannon qui
genuit Rosenblueth apud Wiener.* Cybernétique est un mot qui
a dormi pendant plus d'un siècle, dans l'attente de la théorie
qui devait lui fournir le concept formel propre à transcender sa
limitation étymologique. Proposé, en 1834, par Ampère, pour
désigner la science des moyens de gouvernement, il figure
dans le *Dictionnaire de la Langue française* de Littré. Il y
figure, sans rien dire ou plutôt sans être dit. Aucune citation
n'en atteste l'usage.

Il n'en va pas de même pour le terme de « régulation »
aujourd'hui connoté par celui de cybernétique. Il est présent en
1872 dans le dernier tome du *Dictionnaire* de Littré, précédé
du signe indicatif de son absence dans le *Dictionnaire de
l'Académie.* Il vient après le terme « régulateur » dont la
signification en mécanique appliquée, sous le numéro 5, est

enrichie dans les Additions et Corrections qui terminent l'ouvrage, avant de l'être, identiquement, dans le Supplément de 1877. Les trois citations rapportées à l'appui du sens donné à régulation – « action régulatrice » – sont empruntées à des textes du XIXe siècle; de Poncelet, de Faye, de Dupuy de Lome; elles concernent le régime thermique du soleil et les dispositifs régulateurs de machines. Notons immédiatement que si, à la rigueur, le *Littré* aurait pu proposer une définition physiologique de « régulateur » puisque Flourens, en 1823[1], et Claude Bernard, en 1867, avaient utilisé ce terme, il ne l'aurait pu pour « régulation » dont Claude Bernard semble n'avoir usé qu'en 1878, et quasi incidemment.

| Le Dictionnaire anglais d'Oxford, bien plus riche en **83** citations que le Littré, aux articles « regulation » et « regulator », et dont la période concernée couvre le XVIIe siècle, le XVIIIe et le XIXe jusqu'à ses dernières années, ne connaît de régulations que d'ordre politique et mécanique.

On ne peut donc entreprendre l'histoire de « régulation » sans commencer par l'histoire de « régulateur », qui est une histoire composée de théologie, d'astronomie, de technologie, de médecine et même de sociologie à sa naissance, où Newton et Leibniz ne sont pas moins impliqués que ne le sont Watt et Lavoisier, Malthus et Auguste Comte.

---

1. « Recherches sur les propriétés et les fonctions du système nerveux dans les animaux vertébrés », *Arch. gen. Méd.*, 1823, 2, p. 321-370. Cet article est la première version abrégée de l'ouvrage *Recherches expérimentales* etc. ... publié en 1824. Georges Cuvier, rendant compte des travaux de Flourens sur le contrôle des mouvements de locomotion par le cervelet, utilise lui-même le terme de régulateur, dans son *Histoire des progrès des sciences naturelles depuis 1789 jusqu'à ce jour*, 1834, t. IV, p. 41, 101 et 148.

PHYSICO-THÉOLOGIE DE LA RÉGULATION

Dans la Préface de la *Théodicée* (1710), l'argumentation en faveur de la Sagesse de Dieu, fondée sur la théorie leibnizienne de la force vive et des lois de mouvement, invoque au titre de preuve l'existence de l'organisme, c'est-à-dire d'un mécanisme préformé et préordonné, dont les automates sont l'imitation humaine. Un exemple est appelé, qu'il convient, malgré la tentation première, de ne pas lire avec des yeux d'après 1948.

> ... Il (Bayle) n'était pas encore disposé à croire que Dieu, avec toute sa puissance sur la nature et avec toute la prescience qu'il a des accidents qui peuvent arriver, eût pu disposer les choses, en sorte que, par les seules lois de la mécanique, un vaisseau (par exemple) allât au port où il est destiné, sans être, pendant sa route, gouverné par quelque directeur intelligent.

Or, la perfection de quelques automates autorise Leibniz à penser qu'un esprit fini, quoique fort au-dessus du nôtre, pourrait faire ce que Bayle croit impossible à Dieu. À plus forte raison, pense Leibniz :

> ... Dieu réglant par avance toutes les choses à la fois, la justesse du chemin de ce vaisseau ne serait pas plus étrange que celle d'une fusée qui irait le long d'une corde dans un feu d'artifice, tous les règlements de toutes choses ayant une parfaite harmonie entre eux, et se déterminant mutuellement.

Antérieur de cinq ans au Premier Écrit de la Controverse avec Clarke, le texte de la *Théodicée* résume une théorie des **84** rapports de Dieu et du | Monde que Leibniz oppose à Newton et à ses disciples, convaincus que Dieu, après l'avoir créé, continue à surveiller et à rectifier providentiellement le Monde où, du fait du vide interplanétaire, le mouvement tend à diminuer. Le Monde de Leibniz se conserve immuable, originellement réglé sans résidu.

Cet attachement à l'idée d'un règlement conservatoire est le signe que si Leibniz maintient contre Descartes la validité de la téléologie, impliquée dans le concept de « règlement de toutes choses », il cartésianise dans la mesure où il défend contre Newton une loi de conservation. Mais c'est un autre résistant à la physique newtonienne qui a fourni sans préméditation à Leibniz un modèle explicite de la régulation universelle, par l'invention, en 1675, du spiral réglant, dispositif qui doit attendre jusqu'à la fin du siècle son nom de « regulator », signalé en 1704, dans le *Lexicon technicum* de Harris. Chez Descartes l'horloge est le modèle analogique de l'animal-machine. Après l'invention de Huygens, la montre à régulateur devient modèle d'univers. C'est elle que Leibniz évoque chaque fois qu'il s'irrite et s'insurge contre la théologie naturelle de l'École de Cambridge, de Newton et des newtoniens, contre les « natures plastiques » de Cudworth, contre le Dieu « King or Governor » célébré par Clarke à la fin de sa Première Réponse. Avant de devenir un mot technique, de Watt à Maxwell compris, et l'équivalent de « regulator », le terme de « governor » était déjà présent chez Cudworth, premier terme d'une série qui mérite un rappel : « He did not only assert God to be the Cause of motion, but also the Governour, Regulator, and Methodizer of the same » (*Intellectual System*, 1768). Le Dieu de Newton n'est pas l'ajusteur initial d'un mécanisme fiable, il est pour sa créature un surveillant permanent, que Son « Sensorium » (l'espace) informe des défaillances que corrige Sa Providence.

Selon Leibniz :

> Monsieur Newton et ses sectateurs ont encore une fort plaisante opinion de l'ouvrage de Dieu. Selon eux, Dieu a besoin de remonter de temps en temps sa montre. Autrement elle cesserait d'agir.
>
> Il n'a pas eu assez de vue pour en faire un mouvement perpétuel. Cette Machine de Dieu est même si imparfaite selon eux qu'il est | obligé de la décrasser de temps en temps par un concours extraordinaire et même de la raccommoder, comme un horloger son ouvrage (*Premier Écrit contre Clarke*, 1715).

85

Si, dans ce texte, la considération de la perpétuité semble l'emporter sur celle de la régularité du mouvement, c'est pourtant sur la question de la régularité que Clarke réplique, à la fin de sa Première Réponse, en refusant pour Dieu le statut d'un Roi nominal – ou d'un « Dieu Fainéant » pour reprendre l'expression d'A. Koyré, à la fin de son ouvrage *Du monde clos à l'Univers infini*. La répartie de Leibniz me semble d'un intérêt capital pour l'histoire de l'idée de régulation. Il répond :

> La comparaison d'un Roy chez qui tout irait sans qu'il s'en mêlât ne vient point à propos ; puisque Dieu conserve toujours les choses et qu'elles ne sauraient subsister sans lui. Ainsi son Royaume n'est point nominal. C'est justement comme si l'on disait qu'un Roy qui aurait si bien fait élever ses Sujets et les maintiendrait si bien dans leur capacité et leur bonne volonté par le soin qu'il aurait pris de leur subsistance, qu'il n'aurait point besoin de les redresser, serait seulement un Roy de nom (*Second Écrit* de Leibniz, § II).

Et plus vigoureusement encore :

> Quand j'ai dit que Dieu a opposé à de tels désordres des remèdes par avance, je ne dis point que Dieu laisse venir ces désordres et puis les remèdes ; mais qu'il a trouvé moyen par

avance d'empêcher les désordres d'arriver (*Troisième Écrit*, § 14).

Leibniz tient que la relation entre règle et règlement, au sens de police de l'État ou de réglage des machines, est une relation originairement statique et pacifique. Il n'y a pas de décalage entre règle et régularité. La régularité n'est pas obtenue comme effet d'une régularisation, elle n'est pas conquise sur une instabilité ou reconquise sur une dégradation, elle est une propriété d'origine. La règle est et reste règle, alors même que, faute d'être sollicitée, sa fonction régulatrice reste latente.

Cela paraît de grande importance pour la suite. Toutes les questions postérieures concernant les régulateurs et les régulations, en mécanique, en physiologie, en économie, en politique, n'allaient-elles pas être posées, pendant un siècle et demi, en termes de conservation et d'équilibre, du fait de l'apparente victoire de l'optimisme leibnizien sur les inquiétudes newtoniennes quant à la permanence de l'ordre cosmique? Inquiétudes que résumait Clarke (*Seconde Réponse*, | § 8) :   86

> L'état présent du Système Solaire, par exemple, selon les lois du mouvement qui sont maintenant établies, tombera un jour en confusion, et ensuite il sera peut-être redressé, ou bien il recevra une nouvelle forme.

Dans ses *Études Newtoniennes*, comme dans *Du Monde clos à l'univers infini*, Alexandre Koyré a ingénieusement montré comment la vérification progressive de la théorie de Newton, au cours du XVIIIe siècle, en montrant que la fabrique du Monde était mieux serrée et plus stable que ne le pensait

Newton, avait donné raison à Leibniz[1]. *L'Exposition du Système du Monde* de Laplace délie le Dieu de Newton de toute obligation de gouverne à l'égard du monde, et déplace le régulateur du système solaire, le retirant à Dieu pour le remettre à un principe.

> Nous venons d'exposer les principaux résultats du système du monde, suivant l'ordre analytique le plus direct et le plus simple. Nous avons d'abord considéré les apparences des mouvements célestes, et leur comparaison nous a conduits aux mouvements réels qui les produisent. Pour nous élever au principe régulateur de ces mouvements, il fallait les lois du mouvement de la matière et nous les avons développés avec étendue (Préface de la sixième édition, 1835).

Ainsi une cosmologie sans théologie vient-elle valoriser pour longtemps l'idée leibnizienne de régulation, entendue comme conservation de constantes initiales. Ce schéma recteur – pour ne pas dire ce paradigme – rend compte de ce qu'on peut nommer, avec Michel Foucault, les «régularités énonciatives» d'une époque où l'objet de l'économie, comme chez Ricardo, l'objet de la physiologie, comme chez Magendie, sont des systèmes sur lesquels l'histoire et ses aléas n'ont pas de prise. Ce que la cosmologie newtonienne pouvait, à la rigueur, contenir d'égard à la durée et à l'érosion évolutive est occulté dans l'admiration qu'on éprouve pour la théorie de l'attraction universelle. Le prestige des principes de conserva-

---

1. «Le développement même de la science newtonienne... laissait de moins en moins de place à l'intervention divine... De même que le Dieu de Descartes et de Leibniz – si âprement contesté par les newtoniens – ce Dieu n'avait plus rien à faire dans le monde», *Études newtoniennes*, Paris, Gallimard, 1968, p. 40.

tion est tel que, lorsque Clausius aura ressuscité Sadi-Carnot, il faudra un bon demi-siècle pour que les biologistes commencent à concevoir les régulations organiques | aussi comme des **87** adaptations, et non plus exclusivement comme des fonctions de conservation ou de restitution dans les systèmes clos.

ÉCONOMIE, TECHNOLOGIE ET PHYSIOLOGIE

Il n'y a pas d'appellation innocente ou neutre. Quand le médecin anglais Walter Charleton (1619-1707) a publié en la même année (1659) la *Natural history of nutrition, life and volontary motion containing all new discoveries of anatomy concerning the œconomy of human nature*, et sa traduction latine sous le titre *Exercitationes de oeconomiea animali*, il a autorisé, pour deux siècles, l'échange, sinon de bons procédés, du moins de mauvaises analogies, dans l'étude respective des lois des corps organisés et des sociétés humaines. Jusqu'à Claude Bernard, « économie animale » désigne ce dont s'occupe et traite le physiologiste [1].

Alors que chez les médecins, les naturalistes, les philosophes même, le concept d'économie animale est donné comme équivalent de machine animale (Buffon, Lavoisier) ou de fabrique animale (Hume, *Dialogues sur la religion naturelle*), il emporte toujours avec lui le concept d'un règlement des usages des parties ou des fonctions des organes, le concept d'une coordination d'activités différentes assurant un

---

1. *Cf.* l'étude de B. Balan, « Premières recherches sur l'origine et la formation du concept d'économie animale », *Revue d'histoire des sciences*, 1975, t. 28/4, p. 289-326.

bien commun. Le concept de division physiologique du travail, au début du XIXe siècle, est un dérivé du concept d'économie animale, concept ambigu d'agencement technique et de règlement d'administration domestique ou politique.

Il n'est donc pas surprenant que tout progrès dans la technologie mécanique qui avait pour effet de rendre les machines plus « organiques », c'est-à-dire plus apparemment semblables à des systèmes d'organes dont l'exercice paraît ordonné de l'intérieur, ait donné l'occasion aux médecins physiologistes d'user de nouveaux modèles pour l'intelligence des fonctions animales. D'où l'introduction de « régulateur » dans le vocabulaire du physiologiste au XVIIIe siècle.

88 | En Angleterre l'histoire des régulateurs, au sens de dispositifs de contrôle de mouvements de machines, est liée à l'histoire des mines (Savery, *The Miner's Friend*, 1702) et à l'histoire des moulins. Stuart, dans l'*Histoire descriptive de la machine à vapeur* (trad. fr. 1827, p. 203) et Arago dans l'*Éloge historique de James Watt* (1834, Paris, Didot, 1839) rapportent que Watt trouva le principe de son régulateur à force centrifuge dans les deux poids lourds attachés à l'axe des meules qu'on trouvait dans certains moulins à farine.

En France « régulateur » au sens de ressort spiral est présent aussi bien dans le *Dictionnaire Universel de Mathématique et de Physique* de Saverien (1753, t. II), que dans l'*Encyclopédie*.

En dehors de la mécanique ou de l'horlogerie, il existe un champ d'activité technique où le concept de régulation et le terme de régulateur sont introduits, c'est la navigation artificielle, la distribution contrôlée de l'eau dans les canaux navigables. Si je n'ai pas trouvé le terme chez Belidor dans l'*Architecture hydraulique* (1737-1739), ni chez Lalande dans *Des canaux de navigation* (1778), il se trouve cependant dans l'ouvrage de Zendrini, *Leggi e fenomeni, regolazioni ed usi delle acque correnti* (Venezia, 1761), et à plusieurs reprises dans l'*Histoire du Canal du Midi* (1799, 2ᵉ éd. 1804) du Général Andréossy.

Il n'est pas besoin de dire que c'est de loin le « governor » de Watt qui était le plus propre à représenter l'espèce d'action circulaire, rétro-efficiente, qui s'exerce dans un organisme fonctionnant en chaîne fermée, par le moyen de systèmes à retour, de boucles de régulation.

Mais si la métaphore de la bonne gestion économique ou l'analogie de la machine à régulateur ont été si longtemps et si généralement reçues, c'est en raison d'une singularité propre à l'histoire de la physiologie. En mécanique terrestre ou en mécanique céleste, une hypothèse comme les tourbillons cartésiens ou l'attraction newtonienne ne recevait aucune incitation de l'observation spontanée des phénomènes, chute des corps et mouvements planétaires. En médecine, l'expérience vécue par les malades de la maladie et de la guérison semblait suggérer d'elle-même l'hypothèse d'un pouvoir organique de restitution et de réintégration. C'est par cela que s'explique un trait commun à presque toutes les théories médicales du xviiiᵉ siècle – sauf celle de John | Brown qui fondait son activisme **89** thérapeutique sur l'identification de la vie à une incitabilité sollicitée de l'extérieur. Ces théories ont accepté comme la donnée de fait la plus indubitable l'existence de la *vis medicatrix naturæ*. Qu'ils l'aient élevée, comme Stahl, à la dignité ontologique de l'âme raisonnable, ou qu'ils l'aient réduite, comme Boyle ou Hoffmann, à l'efficacité de mécanismes qu'ils croyaient bruts – la circulation du sang, par exemple, pour Hoffmann – ils ont, en somme, de leur propre aveu, justifié Hippocrate d'avoir reconnu, sous le nom de Nature, un pouvoir de conservation de soi, propre au corps vivant. Faute

de pouvoir, à l'époque, établir par démonstration expérimentale l'existence de mécanismes d'auto-régulation ou de
fonctions de défense anti-toxique et d'immunisation spontanée, Stahl et les stahliens parlaient d'autocratie de la Nature.
Il suffit de rappeler, sans insister, comment la lecture de Stahl
par les médecins de l'École de Montpellier a eu comme effet,
sauf probablement chez Bordeu, l'apparition d'un dogma-
tisme anti-mécaniste, naturiste, qui a entravé la recherche
expérimentale en physiologie.

L'un des paradoxes des relations entre philosophie et
médecine, à l'époque, c'est que Leibniz ait approuvé, contre
l'animisme de Stahl, le mécanisme de son collègue de Halle,
Frédéric Hoffmann. Mais nous avons vu que Leibniz ne peut
admettre que la conservation d'un système matériel soit attri-
buée à un pouvoir extérieur à son ordonnance originaire. L'âme
conservatrice d'un corps exposé par sa mixtion chimique à une
prompte corruption n'est pas plus admissible, pour Leibniz,
que le Dieu Seigneur du Monde, réparateur de ses défaillances.
Dans la polémique entre Leibniz et Stahl, parmi les Doutes et
Fins de non recevoir de Leibniz auxquels répond le *Negotium
Otiosum* de Stahl, un texte mérite d'être relevé, dans la mesure
où il signale l'apparition, à côté de l'horloge et de la montre,
d'un nouveau modèle du corps organisé.

> Que le corps animal soit une machine hydraulico-pneumatique
> à feu, et que l'élan y soit donné par des explosions pareilles à
> des flammes, il n'y a plus guère pour en douter que ceux dont
> l'âme est occupée par des principes chimériques, tels qu'âmes
> divisibles, natures plastiques, espèces intentionnelles, idées
> opératrices, principes hylarchiques et autres archées, qui ne
> signifient rien si on ne les résout en mécaniques (*Opera omnia*,
> éd. Dutens, II, 2ᵉ partie, p. 149).

| De cette « machine hydraulico-pneumatique à feu » c'est **90**
Lavoisier qui, le premier, a comparé les propriétés d'entretien,
de conservation et de restitution, aux effets d'un dispositif
d'équilibration et de régulation mécanique. Le recours explicite au terme et au concept de « régulateur », l'assimilation
de la machine animale à un moteur et non plus seulement à
un complexe d'outils ou d'engins, l'esquisse de la notion de
travail physiologique font des *Mémoires sur la respiration et
la transpiration des animaux* (1789-1790), et surtout de ceux
que Lavoisier a signés avec Seguin, le premier texte de caractère scientifique relatif à la régulation. L'intérêt en avait été
brièvement indiqué par Charles Daremberg dans l'*Histoire
des Sciences Médicales* (1870, p. 1016) et François Jacob l'a
analysé avec précision dans la *Logique du vivant*. « La machine
animale est principalement gouvernée par trois régulateurs
principaux » (Lavoisier et Seguin, *Respiration*). On notera,
dans la même phrase, le rapprochement de « gouvernement »
et de « régulateur ». Les trois régulateurs sont : la respiration
qui produit la chaleur animale ; la transpiration qui maintient
la température au degré « qu'a fixé la nature » (Lavoisier et
Seguin, *Transpiration*) ; la digestion qui restitue au sang les
pertes dues à la respiration et à la transpiration. En quels termes
Lavoisier expose-t-il l'effet des régulateurs de l'économie
animale ? Équilibre troublé ; équilibre rétabli ; équilibre et
régularité ; moyens variables dont les effets se compensent ;
moyens remarquables de compensation ; la santé, état où
toutes les compensations établies par la nature se font avec
facilité et sans efforts. Ce sont là, très exactement, tous les
termes dont Claude Bernard se servira environ cent ans plus
tard. Mais Lavoisier ne serait pas, malgré son avance sur ses
contemporains médecins, un homme de son siècle s'il n'aper-
cevait pas dans sa théorie des trois régulateurs une nouvelle

figure de la médecine hippocratique : « On conçoit d'après cela, comment l'art du médecin consiste souvent à laisser la nature aux prises avec elle-même ». C'est pourquoi, en dépit de deux passages où semble s'indiquer l'idée d'une relation aléatoire entre l'organisme et l'environnement, la régulation lavoisienne est strictement conservatrice. L'homme a beau pouvoir « se prêter à toutes les circonstances où le hasard le place », « le système de liberté générale que la nature semble avoir voulu établir dans tout ce qui a rapport aux êtres vivants » n'est qu'un aspect de « l'ordre physique, assujetti à des lois immuables, arrivé dès longtemps à un état d'équilibre que rien **91** ne peut déranger ». Ainsi la | nature « a mis partout des régulateurs ». Et puisqu'il a continué, comme tous les médecins du siècle, comme Buffon, comme les Encyclopédistes, à penser l'organisme simultanément comme machine et comme économie, Lavoisier, ainsi que Charleton dans la dédicace de son *œconomia animalis*, conclut de l'organisme à la société.

> L'ordre moral a, comme l'ordre physique, ses régulateurs ; et s'il en était autrement, il y a longtemps que les sociétés humaines n'existeraient plus, ou plutôt elles n'auraient jamais existé (*Transpiration*, in fine).

Compensation, conservation, ne sont pas seulement la loi régulatrice de l'organisme individuel, mais de la vie sous tous ses aspects, et l'on méconnaîtrait l'extension, au XVIIIe siècle, du concept de régulation biologique si on négligeait la question de la *quantité de vie* sur la terre, qu'a posée Buffon et qu'il a résolue par la constance du nombre de molécules organiques indestructibles, et la question de la *quantité de vivants* qu'a posée Linné, et qui a été résolue dans l'école linnéenne par les thèses de l'*Œconomia Naturæ* (1749) et de la *Politia Naturæ* (1760). La proportion, quant au nombre de leurs représentants, c'est-à-dire quant à la population, est maintenue entre les espèces végétales et animales initialement créées, et elle détermine un rapport d'équilibre fixe entre la propagation sur le socle terrestre, la conservation des structures et des modes de vie, la destruction des excédents numériques par pénurie de subsistance ou comme résultat d'activité préda-trice. On a montré que Linné avait reçu la notion de « balance de la nature » d'un théologien anglais Derham (*Physico-Theology*, 1713), dont les sermons se réfèrent fréquemment à Newton quand il s'agit de justifier par des choix de Dieu des arrangements physiques ou des adaptations vitales[1]. Pour désigner l'auteur divin de la loi de conservation en démo-graphie animale, Linné utilise une expression que n'auraient désavouée ni Cudworth, ni Newton, « Le Souverain Modé-rateur » (§ XX). Il n'est donc pas possible de tenir la notion linnéenne d'équilibre des espèces sur leurs lieux de peuple-ment pour une anticipation de celle d'équilibre écologique, qui n'a de signification que dans la théorie post-darwinienne de la répartition géographique des organismes et des relations précaires et révisables, établies entre populations spécifiques par les aléas de la lutte pour la vie.

| Mais de Linné à Malthus la transition est aisée, et sans **92** pouvoir tenir l'*Économie de la nature* pour une doctrine pré-malthusienne de la population, l'extension s'est faite à l'homme et à ses sociétés des questions relatives à l'occupa-tion par les êtres vivants de la surface du sol terrestre et à la quantité de subsistance qu'ils peuvent y trouver. Et c'est en ce point qu'on a vu les régulateurs de l'ordre moral et ceux de

---

1. C. Limoges, Introduction à C. Linné, *Équilibre de la Nature*, Paris, Vrin, 1972.

l'ordre physique, dont parlait Lavoisier, composer leurs effets. Hors de sa formulation mathématique, le problème de Malthus est le suivant : comment rendre compatibles une tendance et une limite ? comment concilier deux aspects de la nature : la prodigalité dans la multiplication des vivants, l'avarice dans l'attribution des places et de la nourriture ? S'agissant des animaux, le frein à l'excès de population viable c'est la mort. S'agissant des hommes, le frein par destruction joue aussi, mais il serait humain éminemment d'en réduire l'intervention, en utilisant un frein préventif. Le frein d'une tendance c'est une contrainte. C'est ainsi que Malthus nomme le renoncement volontaire à « l'un des penchants qui ont sur nous le plus d'empire ». Or qu'est-ce qui peut motiver l'acceptation d'une contrainte, génératrice d'un sentiment pénible, sinon la prudence, c'est-à-dire un calcul de l'avantage ? C'est ce que Malthus nomme « régulariser le principe de population ». Et on retrouve une fois de plus le schème recteur de la médecine hippocratique dans l'invention d'une expression désignant un régulateur social.

> La grande *vis medicatrix rei publicæ* c'est-à-dire le désir d'améliorer son sort ou la crainte de le rendre pire, n'a pas cessé de diriger les hommes dans le droit chemin, en dépit de tous les discours qui tendraient à le leur faire quitter. Ce puissant principe de santé etc. …

N'était-il pas logique de considérer qu'un processus conçu comme naturel et nullement historique, « une loi exactement semblable, dans ses grandes lignes, à toutes les autres lois de la nature », la croissance de la population, ne pouvait trouver de régulateur que dans un pouvoir naturellement inscrit dans la nature humaine, telle que la concevait une psychologie utilitariste ? Mais penser qu'il existe, sous le nom de « principe de santé » une fonction sociale de stabilisation par réduction des écarts, n'était-ce pas méconnaître qu'une autre notion hippo-cratique, celle de « crise », appliquée aux sociétés, était en train de changer de sens, précisément au moment historique où la révolution industrielle en Angleterre et la révolution politique en France imposaient à la science de la société de substituer, dans ses explications, l'histoire à la nature et le conflit à l'équilibre ?

| Régulation par l'extérieur   93
et régulation par l'intérieur
Auguste Comte et Claude Bernard

Pourquoi faire une place à Auguste Comte dans un tableau d'histoire de la biologie ? C'est que sa philosophie biologique a inspiré et même imprégné une école de médecins, que la *Société de Biologie* a été fondée par eux (Robin, Segond) en 1848, qu'ils y ont rencontré Claude Bernard, et que le pro-gramme des travaux qu'ils ont proposé à la Société, notam-ment le développement de l'étude des milieux – pour laquelle ils ont inventé le terme de *mésologie* – suffit à montrer qu'une certaine orientation de la biologie constituait un obstacle à l'élaboration du concept de régulation physiologique.

Auguste Comte est un homme du XVIIIe siècle dans le XIXe. Polytechnicien, Comte est un newtonien à cause de Laplace ; né à Montpellier, Comte est un hippocratique, à cause de la célèbre École médicale. D'où deux constantes dans la pensée d'un homme qui a usé et abusé des mots «régler» et «régulateur» :

1) c'est l'extérieur qui règle l'intérieur, c'est la stabilité du système solaire qui stabilise les systèmes vivants par la médiation des milieux ;

2) l'histoire humaine n'est que le développement d'un germe, l'accomplissement de la nature humaine. Le progrès n'est que le développement de l'ordre.

Pour justifier la première proposition, il serait nécessaire de rappeler le contenu de toutes les leçons du *Cours de Philosophie positive* relatives à l'astronomie (de la 19e à la 27e), à la biologie (de la 40e à la 47e), sans oublier la 49e leçon ; relations nécessaires de la physique sociale avec les autres branches fondamentales de la philosophie positive. Il faut se borner à l'indication de quelques-uns des textes les plus significatifs et les plus denses, confirmés par quelques références au *Système de Politique positive*...

> Nous savons maintenant que l'état de vie suppose, par sa nature, entre l'organisme qui l'éprouve et le milieu où il s'accomplit, une harmonie fondamentale... or il est clair que si l'ellipse terrestre au lieu d'être à peu près circulaire était
> **94**   supposée | aussi excentrique que celle des comètes proprement dites, les milieux organiques et l'organisme lui-même, en admettant son existence, éprouveraient, à des époques plus éloignées, des variations presque indéfinies qui dépasseraient extrêmement, à tous égards, les plus grandes limites entre lesquelles la vie puisse être réellement conçue (40e leçon, III, 208)[1].

Les caractéristiques d'ordre dynamique présentées par le système solaire, dont Newton rendait grâces à Dieu, ont été expliquées à l'époque de Comte, selon Lagrange, Laplace et

---

1. Ces références s'entendent de l'édition Schleicher, Paris, 1908.

Poinsot, par des théorèmes d'invariance relatifs aux grands axes des orbites des planètes et au plan invariable où les variations des aires projetées se compensent. Ces solutions apportées au problème des perturbations donnent la garantie que « l'ensemble de nos astres ne peut qu'osciller lentement autour d'un état moyen, dont il s'écarte toujours très peu » (26e leçon, II, p. 175). C'est à cette constante que Comte suspend toujours et en dernier ressort, les constantes biologiques, les constantes sociales et les constantes mentales. Il y a folie lorsque « le dehors ne peut point régler le dedans » (*Syst. pol. pos.*, III, p. 20[1]). Sans doute Comte qui a toujours refusé le matérialisme, c'est-à-dire la réduction du supérieur à l'inférieur, est-il soucieux de reconnaître une certaine spontanéité du vivant, ce qui lui interdit, malgré son admiration pour Lamarck, d'admettre une détermination de l'organisme par le milieu qui serait en somme une résurrection de « l'automatisme cartésien… exclu par les faits » (*Syst. pol. pos.*, I, p. 602).

Mais dans le « concours continu entre la fatalité et la spontanéité, sources respectives de constance et de variation » (*ibid.*, p. 441) c'est la variation qui est soumise à la constance et réglée par elle. « Les êtres vivants ne peuvent vivre que dans des milieux inertes, qui leur fournissent à la fois un siège et un aliment » (*ibid.*, p. 440). La variabilité est limitée par la prépondérance du milieu inerte, sans laquelle « les variations naturelles deviendraient indéfinies et toute notion de loi disparaîtrait aussitôt puisque la constance des relations en constitue partout le vrai caractère » (*ibid.*). Il n'est pas jusqu'à la religion, | dont A. Comte explique la fonction par une étymologie 95

---

1. Ces références s'entendent de la 4e édition publiée par la Société positiviste, Paris, Georges Crés, 1912.

discutable – *régler* l'existence individuelle, *rallier* les différents individus – qui n'exprime et ne célèbre l'ascendant de « l'économie extérieure » (*Syst. pol. pos.*, II, p. 18) sur nos sentiments, nos conceptions et notre conduite. Le « mot admirable » de religion nous rappelle « que la véritable unité consiste à lier le dedans et le relier au dehors » (*ibid.*) On comprend alors pourquoi c'est à la religion (positiviste) qu'est reconnue, par la théorie positive de l'organisme social, la fonction de « régulateur social » (*Syst. pol. pos.*, II, p. 306, 308).

En résumé, le vivant est, pour Auguste Comte, un système ouvert sur l'extérieur et dépendant de lui, tant pour l'alimentation de la vie dite végétative que pour l'information de la vie animale toujours plus ou moins au service de la première (40e leçon, II, p. 156). « Le milieu constitue donc le principal régulateur de l'organisme… » (*Syst. pol. pos.*, II, p. 26). Dans cette relation ce qui est positif pour l'organisme, c'est la constance du milieu, par le moyen de quoi s'étend jusqu'à l'organisme, la validité des principes de conservation de la mécanique céleste. La régulation vient d'en haut et du dehors, même dans le cas où elle semble être la fonction d'un appareil de l'organisme : « Si, comme on le sait depuis le grand Hippocrate, la vie est surtout caractérisée par le *consensus* universel, il doit principalement régner dans l'appareil spécialement destiné à le régulariser partout ». Il s'agit du cerveau (*Syst. pol. pos.*, I, p. 726). Or, comme on l'a déjà vu, le cerveau a pour fonction éminente de régler le dedans sur le dehors.

En 1851, A. Comte écrivait : « quoique la structure du foie soit maintenant connue avec une minutieuse exactitude, sa fonction végétative n'est guère moins obscure qu'auparavant » (*Syst. pol. pos.*, I, p. 730). C'est pourtant en 1849 que Cl. Bernard avait publié un *Mémoire sur l'origine du sucre dans l'organisme*. Quand A. Comte mourut en 1857, il y avait deux ans que Cl. Bernard avait prononcé au Collège de France, dans une leçon de physiologie expérimentale, les mots de « sécrétion interne » pour désigner la fonction glycogénique du foie, fonction paradoxale pour beaucoup de ses contemporains. En 1859, dans les *Leçons sur les propriétés physiologiques et les altérations pathologiques des liquides de l'organisme* la notion de sécrétion interne | est étendue à une **96** série de glandes dites sanguines (rate, thyroïde, surrénales etc. ...) dont les fonctions sont encore alors indéterminées. Telles sont les premières conditions nécessaires mais non suffisantes de la constitution du concept de « milieu intérieur » dont l'*Introduction* (1865), le *Rapport* (1867) et les *Leçons sur les phénomènes communs* (1878) ont revendiqué à la fois l'importance et l'originalité. D'après Grmek, c'est en 1857 sur un papier inédit, un brouillon de leçon, qu'apparaît pour la première fois, l'expression de « milieu liquide intérieur »[1]. « Je n'ai pas vu qu'on ait distingué avant moi un milieu intérieur et un milieu extérieur » (*Rapport*, p. 182).

En fait, Cl. Bernard a surtout conçu le milieu intérieur comme réserve énergétique pour les cellules. Il semble que ce soit Brown-Séquard qui a conçu, dans sa généralité (1891) la fonction de transport de messages chimiques propre aux substances qui n'ont reçu qu'en 1905 le nom d'hormones. En somme, Cl. Bernard n'a pas accordé au mécanisme qu'il a découvert un rôle comparable à celui du système nerveux, dans la corrélation des éléments cellulaires de l'organisme[2].

---

1. « Évolution des conceptions de Cl. Bernard sur le milieu intérieur », dans Cl. Bernard, *Philosophie et Méthodologie scientifiques*, Paris, Masson, 1967, p. 123.

2. *Cf.* Grmek, *op. cit.*, p. 140.

C'est peut-être en raison du privilège qu'il accordait au système nerveux central et sympathique que Cl. Bernard, dont les travaux ont donné le premier contenu positif au concept de régulation physiologique, n'a usé que parcimonieusement des termes de régulateur et de régulation, et ne l'a fait, semble-t-il, qu'à l'occasion de phénomènes de circulation sanguine et de calorification. Quand on lit les *Leçons sur le diabète et la glycogenèse animale* (1877) on rencontre les termes ou les expressions de « frein », de « modérateur », d'« antagonisme » (p. 398, 451), de « fonction d'entretien et de règle » (p. 420) de « loi régulatrice des oscillations glycémiques » (p. 408), « oscillation physiologique, sorte d'équilibre instable perpétuel » (p. 413).

Lorsque dans les *Leçons sur les phénomènes de la vie communs aux animaux et aux végétaux* (1878) il distingue trois formes de vie : vie latente, vie oscillante, vie constante ou libre, dont la condition est la fixité du milieu intérieur, assurée **97** par des fonctions de compensation | et d'équilibration, nous lisons « équilibre, compensation, balance » (I, p. 114). C'est dans l'exposé relatif à la fonction de calorification, qu'apparaissent les mots de « régulation calorifique » (I, p. 117). Une analogie, sans doute inconsciente, avec ce qu'on appelle à l'époque thermorhéostat (*cf.* Littré, *Dictionnaire*, IV-1872), a appelé le mot. D'ailleurs « régulateur » se trouve à plusieurs reprises, dans les *Leçons sur la chaleur animale* (1876), utilisé pour rendre compte des fonctions du système nerveux sympathique dans les sécrétions glandulaires et dans la circulation du sang. Mieux encore, Cl. Bernard, en 1867, a signalé la découverte « sans exemple en physiologie d'un autorégulateur nerveux qui détermine le travail du cœur et la force des résistances qu'il doit vaincre ». C'était dans une communication à l'Académie des Sciences, à l'occasion de la découverte, par

Elie de Cyon et Carl Ludwig, du nerf dépresseur du cœur (1866). Venant après l'identification (1845), par les frères Weber, des nerfs vagues modérateurs de la contraction cardiaque, et l'identification (1866) par les frères de Cyon, des nerfs accélérateurs d'origine sympathique, la découverte du nerf dépresseur permettait de comprendre, sous le nom d'autorégulateur, ce qu'est un système physiologique à retour. Comme dans le cas de la calorification, la fonction cardiaque appelait, sous l'effet d'une analogie technologique, l'appellation de « régulateur de la pression » (1876). En résumé, Cl. Bernard n'est pas parvenu à nommer régulation le mode de liaison d'un système vivant autre que la liaison nerveuse qu'il avait été pourtant le premier à mettre en lumière.

Cette régulation par l'intérieur est bien différente de la régulation comtienne. Celle-ci assurait à l'organisme le bénéfice d'une constance empruntée à un extérieur stabilisé et stabilisateur. La régulation bernardienne, fondée sur la stabilisation interne des conditions nécessaires à la vie des éléments cellulaires, permet à l'organisme d'affronter les aléas de l'environnement puisqu'elle consiste dans un mécanisme de compensation des écarts[1].

| L'AVANCE CONCEPTUELLE   **98**
DE LA PHYSIOLOGIE ALLEMANDE

En 1840, J.-B. Biot, résumant les travaux de Lavoisier sur la respiration, et faisant allusion aux « trois régulateurs

---

1. « L'organisme est un équilibre. Aussitôt qu'un changement survient dans l'équilibre, un autre arrive pour le rétablir », cité par Grmek, *op. cit.*, p. 145.

principaux » de la machine animale, ne parvenait pas encore à conceptualiser et à dénommer un phénomène d'économie animale dont il se faisait une représentation pourtant pertinente :

> Une des propriétés les plus admirables de l'organisme des êtres vivants, c'est l'aptitude qu'on lui voit à modifier, entre des limites très étendues, le jeu de ses rouages, sans qu'ils cessent de marcher ensemble et de concourir efficacement à l'effet commun qu'ils sont chargés de produire. C'est là ce qui fait que la vie persiste, et se maintient, sous les influences continuellement changeantes des agents physiques extérieurs. La respiration, comme toutes les autres fonctions animales, non seulement continue à s'opérer dans des circonstances physiques très diverses, mais encore elle s'y prête et s'y accommode à l'instant même [1].

Or, deux années après, en 1842, Hermann Lotze (1817-1881), dans l'article « Leben, Lebenskraft », composé pour le *Wagners Handwörterbuch der Physiologie*, utilisait tout naturellement le terme de « Régulation » pour désigner une fonction purement mécanique de compensation des perturbations (*Störungen*) par rétroaction (*Rückwirkung*) d'origine nerveuse. Pour bien souligner le caractère purement déterministe de cette fonction de l'organisme (*eine gesetzmässige Regulation*) il ironisait :

> Il ne nous est pas permis, une fois encore, de demander l'impossible, c'est-à-dire que la force vitale, à la manière d'un

---

1. *Recherches chimiques sur la respiration des animaux par M.M. Regnault et Reiset* (1840), dans *Mémoires scientifiques et littéraires*, t. II, 1858, p. 220-221.

surveillant suprême, non seulement choisisse ce qui convient, mais aussi l'exécute.

Ce texte oublié de Lotze, dont généralement ce sont les travaux de psycho-physiologie sensorielle qui sont cités (*Die Medicinische Psychologie oder Physiologie des Seele*, 1852), a été signalé par K.E. Rothschuh dans un précieux article sur l'histoire des régulations en | biologie [1]. On peut déceler chez **99** Lotze cette prédilection des physiologistes allemands pour l'étude des fonctions du système nerveux qui a conduit Carl Ludwig et Elie de Cyron à mettre en lumière la fonction du nerf dépresseur dans la régulation du débit cardiaque, prédilection qui rendait leurs travaux si aisément assimilables par Cl. Bernard [2].

Après Cl. Bernard, le terme de régulation entre dans le vocabulaire de la physiologie. Quand un mot est pris dans le titre d'un mémoire ou d'un ouvrage, c'est qu'il est reconnu,

---

1. « Historische Wurzeln der Vorstellung einer selbsttätigen informationsgesteuerten biologischen Regelung », dans *Nova Acta Leopoldina*, n° 206, Bd. 37/I, Leipzig, 1972, p. 91-106. Cet article comporte une bibliographie d'études récentes sur l'histoire du concept de régulation en biologie. Il indique, en particulier, le bel article d'E.F. Adolph, « Early Concepts of Physiological Regulations », *Physiol. Reviews* 41 (1961), p. 737-770. Mais Adolph paraît moins sensible que Rothschuh et nous-même à l'originalité de Lotze.

2. Dans un article « Pflügers Nerve Reflex Theory of Menstruation : the Product of Analogy, Teleology and Neurophysiology » (*Clio Medica*, XII, I, avril 1977), H.H. Simmer, confrontant la neurophysiologie téléologique de Ed. Pflüger aux travaux de Cyon et Ludwig, rappelle la loi de causalité téléologique formulée par Pflüger en 1877 (*Die teleologische Mechanik der lebendigen Natur*) : « Die Ursache jeden Bedürfnisses eines lebendigen Wesens ist zugleich die Ursache der Befriedigung des Bedürfnisses ». La cause de chacun des besoins d'un être vivant est en même temps la cause de la satisfaction du besoin.

autrement que comme métaphorique, par la communauté scientifique compétente. Je signalerai seulement en 1882, le mémoire de Léon Frédéricq, de Liège, *Sur la régulation de la température chez les animaux à sang chaud* et, en 1901, l'article d'Émile Achard, «Le mécanisme régulateur de la composition du sang». Avec ce dernier travail, nous revenons à notre date de départ, mais nous avons progressé dans l'ordre des fonctions biologiques auquel convient le concept de régulation. Maintenant, on peut parler de régulations au pluriel. C'est ce pluriel que nous lisons dans le titre de l'ouvrage de Driesch. Quand un mot est au pluriel, c'est que le concept a une extension, et il ne peut l'avoir que par une compréhension provisoirement fixée. Désormais «régulation» est un concept de biologie, après n'avoir été qu'un concept de mécanique, en attendant de devenir un concept de cybernétique, par la médiation du concept d'homéostasie.

| II. SUR L'HISTOIRE DES SCIENCES
DE LA VIE DEPUIS DARWIN

Sigmund Freud a comparé l'effet de scandale provoqué par les premiers exposés de la théorie de la psychanalyse aux deux autres effets analogues provoqués, au XVIIᵉ siècle par la cosmologie galiléenne, et au XIXᵉ siècle par la biologie darwinienne. Et il est bien vrai que dans les trois cas considérés, l'homme s'est trouvé successivement dépossédé de trois illusions réconfortantes : l'illusion de coïncidence avec le centre du monde, l'illusion de filiation généalogique singulière, l'illusion d'accès à la totale conscience de soi.

Dans la succession et la relation des deux premières désillusions, galiléenne et darwinienne, l'histoire des sciences peut trouver matière à réflexion méthodologique. Lorsque parut, à Londres, en 1859, *L'Origine des espèces*, il y avait cent soixante-douze ans que les *Principia mathematica philosophiæ naturalis* de Newton avaient apporté à la cosmologie de Galilée les confirmations, théorique et expérimentale, dont l'absence jusqu'alors avait embarrassé plusieurs bons esprits du XVIIᵉ siècle. Or non seulement cette confirmation de Galilée n'avait pas scandalisé les théologiens anglais, mais encore elle s'était montrée propre à leur fournir des arguments jugés bons contre l'athéisme. Dans les sermons de Richard Bentley

comme dans les dissertations de William Paley, la théologie
naturelle appelait Newton à son secours dans tous les cas
102 d'observations où un phénomène prenait | figure d'arrange-
ment de parties, où les lois de la nature semblaient exprimer
des choix de Dieu, où les relations de l'homme à son environnement, comme d'ailleurs celles des autres espèces vivantes,
semblaient résulter d'une adaptation procurée par une toute-
puissante sollicitude. Newton avait bien dit que « l'Être infini
gouverne tout, non comme l'Âme du Monde, mais comme le
Seigneur de toutes choses ». On retrouverait un écho de ce
providentialisme jusque dans quelques écrits signés par des
athées au XVIII siècle.

Ainsi les effets à distance de la cosmologie héliocentrique,
les conséquences théoriques de la première défaite de l'anthro-
pocentrisme, allaient-ils, paradoxalement, retarder et freiner
l'élaboration et l'acceptation de la seconde, celle au terme de
laquelle l'homme devait réintégrer sa place de sujet dans un
règne, le règne animal, dont il s'était tenu, jusqu'alors, pour
roi de droit divin. En effet, comme on l'a bien montré ces
dernières années (Gillispie, Limoges), pour que fût conce-
vable l'idée d'une transmutation des espèces par une adaptation aléatoire aux contraintes du milieu, à partir de différences
individuelles dans la reproduction des organismes, il fallait
détruire l'idée d'une adaptation préordonnée, pour chaque
espèce de créatures, entre sa structure et son mode de vie.
Jusqu'à Darwin, les êtres vivants paraissaient adhérer, sous
peine de mort, à leur support écologique ; ils se multipliaient
dans le cadre où ils trouvaient exclusivement leur bien. Le
changement de référence fut radical quand on proposa que les
vivants se multiplient sans obligation d'identité spécifique
intégrale, et que, par le jeu composé de leur nombre et de leurs
différences, ils se trouvent contraints de vivre où ils peuvent,

au moindre mal, sans place réservée, sans assurance du lende-
main. On voit donc que, pour que fût possible cette théorie
révolutionnaire de l'adaptation, où l'idée contredit à l'étymologie du mot, cette théorie que le nom de Charles Darwin
résume et signe, il fallait occulter, dans l'histoire naturelle,
quelques-uns des reflets de la gloire de Newton. L'histoire
de la vérité n'est pas linéaire et monotone. Une révolution en
cosmologie n'entraîne pas nécessairement une révolution
analogue en biologie. L'histoire des sciences devrait nous
rendre plus attentifs au fait que les découvertes scientifiques,
dans un certain ordre de phénomènes, peuvent jouer, du fait de
leur dégradation possible en idéologies, un rôle d'obstacle au
travail théorique en cours dans un autre ordre.

| Mais il arrive aussi que ce travail théorique, à ses débuts, **103**
et surtout dans les domaines où la preuve expérimentale est
longue à instituer, affecte lui-même la forme d'une idéologie.
C'est ce qui est arrivé pour la théorie de la sélection naturelle.
En dehors du fait que le concept de sélection passait pour une
importation malencontreuse de la pratique des éleveurs dans la
théorie biologique, l'explication darwinienne sur la base de la
concurrence vitale avait été annexée par une théorie apparemment et initialement cosmologique mais fondamentalement et
finalement idéologico-politique, celle qu'Herbert Spencer
avait entrepris d'élaborer sous le nom d'évolutionnisme. Une
esquisse de l'histoire des sciences de la vie depuis Darwin doit
tenir compte du fait qu'à la différence de la théorie de l'attraction universelle, la théorie de l'origine des espèces par sélection naturelle a été d'abord tenue pour une idéologie par bien
des gens qui n'étaient pas tous des sots.

Et de même que la cosmologie newtonienne avait autrefois
légitimé certains paris théoriques audacieusement assumés
par Galilée, de même ce sont les résultats décisifs de la

génétique formelle et de la génétique causale, appliqués à l'étude des mutations dans les populations d'êtres vivants, qui sont venus apporter à l'explication darwinienne des faits d'évolution une confirmation d'ampleur imprévisible, même à la fin du XIXe siècle.

Mais, précisément, cette boucle de consolidation de la théorie, par justification rétrograde de ses implications latentes, entraîne le danger de donner à la reconstitution historique d'une période séculaire de recherches en biologie un aspect de rectilinéarité que le devenir effectif ne pouvait suivre. Après Newton, on a compris que Galilée avait raison de s'obstiner à être galiléen à un moment où il n'avait pas encore de quoi répondre à toutes les objections. Après Mendel, Bateson, Morgan, Dobzhansky, et tant d'autres, on sait que Darwin avait raison de poser le problème de l'évolution des espèces dans les termes qu'il a dû inventer. Alors que cette confirmation était encore à venir, un lecteur perspicace de Darwin, Friedrich Engels, en 1878, avait indiqué la direction dans laquelle on pouvait l'attendre :

> Les organismes de la nature ont, eux aussi, leurs lois de population qui ne sont pour ainsi dire pas étudiées, mais dont la constatation sera d'une importance capitale pour la théorie de **104** l'évolution des espèces. Et qui a donné | l'impulsion décisive même dans cette direction ? Nul autre que Darwin (*Anti-Dühring*, VII, Le monde organique).

Avant de voir cette attente satisfaite, il faut exposer les raisons du retard à sa satisfaction. Car le retard, autant que le progrès, c'est l'histoire, dans l'histoire des sciences aussi bien qu'ailleurs.

* * *

Quel était l'état des sciences de la vie en 1859? Par sciences de la vie, nous entendons seulement la biologie générale ou théorique, en écartant, sans les mépriser bien entendu, la zoologie et la botanique descriptives. En dehors de la publication de *L'Origine des espèces*, quels sont les événements significatifs de la recherche en biologie? 1859, c'est la date de publication de *L'Hétérogonie ou Traité de la génération spontanée* de Félix Pouchet, rassemblant des arguments auxquels Louis Pasteur s'est déjà préparé à répondre. 1859, c'est la date de publication de *La pathologie cellulaire* de Rudolf Virchow; c'est le moment où Gegenbaur sait déjà ce qu'il ne publiera que deux ans plus tard, à savoir que l'œuf des vertébrés est une formation unicellulaire. 1859, c'est l'année où Claude Bernard publie *Les Leçons sur les propriétés physiologiques et les altérations pathologiques des liquides de l'organisme*. On y trouvait, au sujet du sang, l'expression de «milieu intra-organique», première désignation du milieu intérieur; on pouvait y lire la description de nombreuses expériences d'analyse des gaz du sang. Ce point ne mérite d'être signalé que parce que, la même année, Ivan Setchénov publiait, dans un Mémoire sur le même sujet, le résultat de recherches poursuivies, dans le laboratoire et sous la direction de Carl Ludwig, avec des techniques instrumentales bien différentes de celles de Cl. Bernard. En résumé, en 1859, étaient déjà constituées scientifiquement, c'est-à-dire étaient en possession de principes heuristiques, de concepts opératoires, de techniques expérimentales, les études relatives : 1) à l'origine de la vie sous la forme des êtres unicellulaires, 2) au développement et à la structure élémentaire de l'organisme pluricellulaire, 3) aux fonctions d'entretien et de comportement de l'organisme individuel, considéré comme un tout. Or ces principes, ces concepts ou ces techniques ne préparaient **105** pas | toujours les esprits à comprendre et à adopter le mode d'approche darwinien du problème de l'origine des espèces.

Tout d'abord le mode de pensée et les méthodes de travail des physiologistes les rendaient généralement peu réceptifs à la vision darwinienne du monde des vivants. Comme on l'a noté à plusieurs reprises (E. Mendelsohn et J. Schiller), la physiologie se présentait comme une science *a priori* peu darwinienne. C'était une étude en laboratoire, opérant sur des individus, s'intéressant à la détermination de constantes fonctionnelles plutôt qu'à la distribution statistique de fluctuations. Les faits de population, le traitement probabilitaire des données, ne rentraient pas dans son cadre méthodologique. C'était enfin une science en train de découvrir, par les travaux de Cl. Bernard, l'existence de mécanismes de régulation assurant à l'organisme complexe une autonomie relative dans ses relations avec le milieu extérieur.

De même pour la microbiologie naissante. En réfutant l'un après l'autre les arguments de l'hétérogonie, par l'utilisation de méthodes éprouvées sur les micro-organismes, levures ou moisissures, en décelant la préexistence de germes dans toute expérience où on prétendait les voir naître, Pasteur n'accréditait pas seulement l'idée que le vivant ne procède que du vivant, mais aussi l'idée que le semblable ne procède que du semblable. C'était renforcer la méfiance ou la sévérité à l'égard de toute doctrine fondée sur une hypothèse de transmutation.

Par contre, les premières généralisations de la théorie cellulaire, et les débuts de son extension, par Robert Remak, à l'étude des stades initiaux du développement embryonnaire, pouvaient s'accommoder des conclusions et des anticipations de l'ouvrage de Darwin relativement au problème de la descendance. L'homologie du développement de toutes les structures organiques, animales et végétales, n'excluait pas *a priori* l'hypothèse de relations généalogiques. Rudolf Virchow a accordé, sur-le-champ, un intérêt sympathique aux idées de Darwin. Le principe *Omnis cellula e cellula* se révélait plus ouvert que le *Omne vivum ex vivo*.

Entre la théorie cellulaire et la théorie darwinienne de l'évolution, la | relation a été incontestablement établie par **106** l'embryologie que von Baër avait fondée, une trentaine d'années auparavant, sur la théorie des feuillets germinatifs et sur le principe de correspondance initiale des stades embryonnaires dans les différents types d'organisation. Devenue systématiquement comparative avec Kölliker, devenue résolument évolutionniste avec Alexandre Kovalevski, l'embryologie post-darwinienne devait, en 1886, reconnaître sa dette envers von Baër quand Oscar Hertwig inscrivit en épigraphe de son mémorable *Traité d'embryologie* ce mot qu'il lui empruntait, « l'embryologie est le vrai flambeau des études sur les corps organisés ».

L'affinité entre les embryologistes et Darwin tenait d'abord au fait que celui-ci avait aperçu dans l'embryologie de l'époque un aspect caractéristique de la nouvelle dimension selon laquelle il s'efforçait lui-même de comprendre la constitution du monde des vivants. Cette nouvelle dimension c'était le temps et l'histoire. Sans doute Lamarck avait antérieurement accordé à l'immensité de la durée cosmique le pouvoir de produire successivement à l'existence la série continue et progressive, quoique parfois irrégulière, des corps organisés, « depuis les plus imparfaits jusqu'aux plus parfaits ». Mais la nouveauté radicale de *L'Origine des espèces* consistait en ceci que le temps de la vie n'y était pas supposé comme un pouvoir, mais qu'il était perçu directement dans des effets en apparence distincts, en réalité unifiés par leur complémentarité. Le fossile, c'était le temps pétrifié; l'embryon, c'était le temps opérant; l'organe rudimentaire, c'était le temps retardé. Ils étaient les archives de l'organisation actuelle où le biologiste cherchait à fixer un commencement, par recoupement de lectures. Dans l'archive paléontologique, le commencement était au plus bas; dans l'archive embryologique, le commencement était au plus commun : dans l'archive morphologique, le commencement était au plus réduit. À partir de là, la vieille anatomie comparée pouvait faire peau neuve. L'arbre généalogique supportait la systématique et n'en procédait pas. L'ancêtre commun remplaçait l'archétype. La classification cessait d'être une peinture des formes coexistantes pour devenir un canevas synoptique tissé avec les fils du temps.

Mais cette reconnaissance du temps comme agent de l'organisation des formes vivantes – par l'apparition imprévisible de variations | individuelles d'emblée héréditaires, par leur conservation aléatoire et précaire, sous le nom, générateur d'équivoques, de sélection naturelle c'est-à-dire en fait de survie à l'extermination – n'a pas eu d'abord tout l'effet stimulant, tout le poids convaincant, qu'on pourrait s'imaginer aujourd'hui, parce que la théorie darwinienne comportait une inconnue majeure. Par quel mécanisme les variations, à partir de quelques formes originelles, s'étaient-elles inscrites, contractant leurs effets successifs, dans telle ou telle organisation actuellement donnée? L'inconnue, c'était le processus de l'hérédité. Il est bien remarquable que les techniques expérimentales multipliées à l'époque pour l'analyse des fonctions physiologiques, pour l'étude chimique des fermentations et des infections, pour la production d'anomalies du développement embryonnaire aient été si peu sollicitées par Darwin et les premiers darwiniens pour l'étude du problème des mécanismes de l'hérédité. La raison doit en être cherchée dans l'absence d'hypothèses aptes à susciter l'institution d'épreuves de contrôle. Nous comprenons aujourd'hui que, fondées sur la notion de combinaisons aléatoires de caractères indépendants, les expériences sur l'hérédité ne pouvaient trouver aucun modèle dans les premières expériences concernant des métabolismes.

Darwin qui, dans le dernier tiers du XIXᵉ siècle, annonce le XXᵉ, reste sur la question de l'hérédité, un homme du XVIIIᵉ siècle. De Maupertuis à lui, aucun changement réel dans la façon de poser le problème. Ce qui, selon lui, se transmet d'une génération à la suivante, c'est une miniaturisation intégrale de l'organisme individuel, par concentration dans les cellules reproductrices de représentants particulaires. Darwin, comme tous les autres avant lui, confond les deux questions de la génération et de l'hérédité. Fait surprenant, l'homme qui a si largement utilisé les observations des éleveurs et des horticulteurs ne soupçonne pas l'usage théorique possible des techniques de l'hybridation pour l'analyse des faits d'hérédité.

L'historien de la biologie peut apercevoir ici une leçon de portée générale pour l'histoire des sciences. C'est Darwin qui a dit que « pour être un bon observateur il faut être un bon théoricien ». La même chose peut être dite de la pratique et de la théorie, dans leurs rapports. Aucune pratique ne peut fournir à une théorie des données | théoriquement exploitables et **108** valables si la théorie n'a pas elle-même d'abord inventé et défini les conditions de validité selon lesquelles les données seront reçues. Cela veut dire qu'une recherche utilisant une pratique déjà pratiquée doit d'abord être conceptualisée, pour pouvoir diriger cette pratique au lieu de la suivre. S'il est bien vrai qu'il y a souvent loin de la théorie à la pratique, il n'est pas moins vrai qu'aucune pratique ne fonde d'elle-même une théorie, en biologie pas plus qu'ailleurs. Sur ce point, l'histoire de la médecine, de Robert Koch à nos jours, contient quelques erreurs, quelques fautes et quelques drames. Et l'histoire de l'agronomie n'en est pas innocente.

* * *

On a longtemps ignoré, on sait maintenant – et depuis bientôt trois-quarts de siècle – que Gregor Mendel a réussi ce que Charles Darwin a manqué.

Plus encore que Léonard de Vinci, héros quasi légendaire d'une histoire qui ne l'a découvert que comme auteur sans emploi sur le théâtre de la science, Mendel est un « cas » fort singulier en histoire des sciences.

Supposons Darwin décédé au cours du voyage à bord du *Beagle*. La question de l'évolution aurait quand même « bougé » de façon décisive, à la même époque, puisqu'il y avait Alfred-Russel Wallace. C'est ainsi que parfois la science paraît pouvoir se permettre de se passer d'un savant.

Mais supposons détruits par le feu tous les exemplaires des Communications lues à Brünn en 1865, et non pas, comme ils le furent, conservés et classés sans être lus, ou lus sans être compris. En ce cas, le nom de Mendel ne figurerait que dans l'histoire de son monastère. Les lois de la génétique seraient ce qu'elles sont, sans rappeler ce nom au titre de glorification réparatrice. Mais parce que Mendel a, le premier, radicalement retiré les phénomènes de l'hérédité à la compétence des embryologistes pour en faire un objet d'étude se suffisant à lui-même, parce qu'il a formulé, quoique à sa manière, ces

109 règles de combinaison | de caractères dites aujourd'hui « lois de Mendel », alors l'hommage rétrospectif proclamé par l'appel-

lation actuelle de ces lois contraint un historien de la biologie, quel qu'il soit, à un exercice sans équivalent. Car il doit faire tenir en un seul discours deux récits qui se recouvrent partiellement, dont l'un ne dirait que ce qui s'est publiquement, c'est-à-dire réellement, passé dans la constitution effective d'un savoir actuel qui a le droit de ne connaître qu'une histoire, celle d'où Mendel est absent, en ignorant l'autre. L'autre histoire étant celle qui tient en suspens, sur une trentaine d'années, l'ombre de Mendel. Trente années au terme desquelles on apprend enfin qu'on aurait pu savoir depuis trente ans ce que l'on vient de découvrir. C'est le discours dans lequel Mendel, absent présent, attend le moment d'apprendre qu'il était mendélien et qu'il avait raison de l'être.

Il convient ici de distinguer attentivement, dans le recouvrement partiel de deux compositions historiques possibles, le statut différent du personnage de Mendel. Dans la première, Mendel est inexistant par cela seul qu'il a été insignifiant. Il a été insignifiant, à proprement parler, puisqu'il n'a pas réussi à se faire entendre. À l'exception, peut-être, d'Ivan Fedorovitch Shmalhausen, aucun des rares biologistes qui l'ont lu n'a compris Mendel, pas même Nägeli, pas un seul de ces adeptes du darwinisme dont nous savons maintenant qu'il exigeait, sans la contraindre, la sorte de confirmation que lui a conférée la génétique. Et tout se passe, selon cette histoire, comme si les découvertes de De Vries, de Correns, de Tschermak, de Bateson n'avaient pas été des re-découvertes.

Dans la deuxième histoire, impossible et impensable avant les dernières années du XIXᵉ siècle, Mendel existe puisqu'on y montre comment ses gestes expérimentaux, ses calculs, ses conclusions ont été connus et compris. Mais quelle est, au juste, sa responsabilité historique? Les catégories fonctionnelles de l'historien des sciences, quand il s'agit de mesurer le rôle et la portée d'une recherche individuelle à un moment donné de la constitution d'un savoir, sont en nombre limité. Aucune des catégories usuelles ne convient au cas de Mendel. Ce n'est pas un précurseur. Précurseur est, sans doute, celui qui court devant tous ses contemporains, mais c'est aussi celui qui s'arrête sur un parcours où d'autres, après lui, courront 110 jusqu'au terme. Or, | Mendel a couru la course. Ce n'est pas un fondateur, puisqu'un fondateur ne saurait être ignoré de ceux qui élèvent un édifice sur les bases qu'il a posées. Faute de catégorie pertinente, faut-il se contenter d'une image et dire qu'il en est de l'œuvre scientifique de Mendel comme d'un enfant né prématuré, qu'on aurait laissé mourir par impréparation à le recevoir ?

Parce que Mendel fait figure de pléonasme historique par anticipation, pléonasme à la fois gênant et inutile, la tentation est grande de se demander si, compris en son temps, il eût entraîné une accélération dans le devenir des recherches biologiques, sans changement fondamental dans les acquisitions expérimentales et théoriques rendues possibles par les découvertes des biologistes qui ont été ultérieurement ses répliques involontaires ?

Au nom de quoi pourrait-on interdire de céder à une telle tentation ? Aucun historien, à quelque école qu'il appartienne, ne se prive, pour comprendre ce qui a été, d'imaginer ce qui aurait pu être, par soustraction ou au contraire par addition d'un facteur de causalité. La construction fictive d'un devenir possible n'est pas faite pour contester au passé la réalité de son cours. Bien au contraire, elle met en relief son vrai caractère historique, en rapport avec la responsabilité des hommes, qu'il s'agisse des savants ou des politiques; elle purge le récit historique de tout ce qui pourrait ressembler à une dictée de la Fatalité.

* * *

Nos connaissances actuelles sur la structure et les fonctions de la matière vivante procèdent de la conjonction progressive et coordonnée des résultats de plusieurs disciplines biologiques avec ceux de la génétique formelle. La cytologie, la microbiologie et la biochimie tout d'abord. Mais cette conjonction n'a été féconde que dans la mesure où la juxtaposition des résultats commandait la refonte des relations entre les disciplines qui les avaient procurés. La possibilité de cette refonte est due à l'ascendant rapidement exercé sur la pensée scientifique en général par la théorie de l'information et par la cybernétique. Il va de soi que sans l'utilisation de techniques inconcevables il y a un | demi-siècle, sans l'étude 111 des structures cristallines par diffraction des rayons X, sans la microscopie électronique, sans l'emploi des radio-isotopes, il eût été impossible d'entreprendre l'ensemble des recherches qui ont enfin permis de localiser dans les macromolécules de l'acide désoxyribonucléique la fonction conservatrice et la fonction novatrice de l'hérédité.

Faisons, par la pensée, rétrograder ces recherches vers leurs origines ou celles de leurs conditions techniques de possibilité.

Lorsqu'en 1944, Avery, Mac Leod et McCarthy eurent démontré que les molécules d'ADN purifié transmettent d'une bactérie à une autre ses caractères héréditaires, la substance qui recevait enfin son affectation fonctionnelle était identifiée depuis 1869. Meescher, qui l'avait isolée, l'avait nommée « nucléine » pour la distinguer des substances qui tenaient de Mulder le nom de protéine. Quarante années après environ, Kossel avait analysé dans l'acide nucléique quatre composés azotés basiques. Lorsqu'il fut confirmé, vers 1930, que l'ADN et l'ARN étaient caractéristiques l'un du chromosome et l'autre du cytoplasma, on avait oublié depuis longtemps que Walter Flemming, en donnant le nom de chromosome aux formations nucléaires par lui observées en 1880, reconnaissait le tribut que la cytologie devait aux techniques de coloration. Sans colorants synthétiques à base d'aniline, pas d'objet à baptiser d'après son affinité pour un colorant. Or, la teinture mauve d'aniline est le prix de compensation obtenu par William Perkin Senior, en 1856, au cours d'une expérience manquée.

Perkin, 1856, c'est trois ans avant Darwin, 1859. Miescher, 1869, c'est quatre ans après Mendel, 1865. Mais Mendel est alors comme s'il n'eût pas été. Supposons-le, un moment, connu, accepté, compris. La connaissance des lois de l'hérédité eût-elle été un lien capable de réunir, dans les années 70 du XIXe siècle, la variation darwinienne et la substance chimique du noyau cellulaire dans un même projet de recherche ? Il faut répondre : assurément non. Car l'objet eût fait défaut au projet. Nous entendons par objet l'objet d'étude, le matériau de travail, dont l'histoire de la science nous permet d'établir, une fois de plus, que le travail théorico-expérimental de la connaissance le constitue, bien loin de le rencontrer tout préparé.

112 |La biologie darwinienne, à commencer par celle de Darwin lui-même, s'intéressait à des espèces animales ou végétales d'organismes pluricellulaires. Les cytologistes travaillaient sur des éléments que la théorie cellulaire inclinait à regarder comme des totalités dans une hiérarchie de degrés d'individualité, concourant à former ce que Virchow, Claude Bernard et Haeckel appelaient, autrement que par métaphore semble-t-il, un État, une Société, une République de cellules. Plus tard, dans les années 80 du siècle, lorsque Strasburger et van

Beneden confirmèrent August Weismann dans l'idée que « l'essence de l'hérédité est la transmission d'une substance nucléaire de structure moléculaire spécifique », c'était à partir d'observations portant sur l'œuf de métazoaires à reproduction sexuée, œuf de plante phanérogame ou de nématode parasite. Comment, aujourd'hui, ne pas s'étonner du fait que, selon Weismann, d'une part « les processus de sélection au sens propre du mot... ne sont pas possibles chez des espèces à reproduction asexuelle », que d'autre part si l'hérédité des caractères acquis existe, elle n'est possible que chez les unicellulaires dont la bipartition reproductrice répartit entre chacun des segments les modifications inscrites dans l'individu initial ? On voit quelle distance nous sépare de l'utilisation élective et systématique des bactéries pour l'étude de la structure macromoléculaire, de la réplication héréditaire, de la mutation, et de la sélection dans les populations d'individus. L'unicellulaire était à peine tenu pour un organisme.

Il y avait pourtant une vingtaine d'années que Pasteur avait étendu la chimie à l'étude d'unicellulaires qui n'avaient pas encore reçu de Sédillot (1878) le nom de microbes. Les travaux de Robert Koch stimulaient partout la recherche bactériologique. Mais c'est peut-être parce qu'ils étaient étudiés comme agents d'altérations organiques, d'infections, de maladies du vin, de la bière, des vers à soie, des poules, des moutons et des hommes, que les germes, bactéries, bacilles, microbes paraissaient un objet impropre à l'étude expérimentale des lois de ce qui fait du vivant un être différent d'un cristal, un être bien vivant tendant à se reproduire. Comment espérer découvrir les lois du vivant dans ce qui le menace, le parasite et le ruine ? C'est sans doute parce qu'il était valorisé négativement par tout homme, le biologiste y compris, dans sa vie concrètement vécue, que le microbe n'était pas encore valorisé

113 positivement comme objet de recherche théorique. | Ce serait donc le succès de la microbiologie médicale qui aurait retardé la naissance d'une biochimie du microbe. En tout cas, à la fin du XIXe siècle, l'apport de la microbiologie au darwinisme se limitait à lui fournir un nouveau terrain d'observation pour les effets de la lutte pour l'existence. Dans les milieux de culture en laboratoire, les unicellulaires luttaient pour l'aliment, pour l'oxygène, pour la vie enfin. Et c'est pourquoi en 1909, à Cambridge, lors du cinquantenaire de la publication de *L'Origine des espèces*, Elie Metchnikoff, au nom de l'Institut Pasteur, pouvait se réjouir, dans son Hommage, du profit réciproque que la microbiologie et la théorie de la sélection naturelle avaient retiré de leurs rapports.

On voit donc pourquoi, en son temps, la divulgation et l'intelligence éventuelles du Mémoire de Grégor Mendel n'auraient probablement pas déterminé une accélération de ce phénomène de convergence et de coopération des sciences de la vie qui a eu pour effet, au milieu de notre XXe siècle, de nous procurer une connaissance, non pas certes totalement unifiée, mais assurément cohérente et ordonnée, des différentes propriétés des systèmes vivants : permanence structurale, constantes fonctionnelles, adaptation programmée des individus, changement de programme adaptatif par pression du milieu sur le stock génétique d'une population, autrement dit par homéostasie génétique. En son temps, Mendel ne pouvait confirmer Darwin. Au contraire, l'intérêt passionné qu'on accordait au darwinisme, c'est-à-dire à l'évolution, aurait incliné à tenir la théorie mendélienne de l'hérédité pour une forme aberrante et attardée de fixisme. Ce sont les néo-mendéliens, quand ils ont répété Mendel, avant de le ressusciter, qui ont rendu possible la confirmation de Darwin.

Dans le récit que James Watson a donné de la découverte, par Francis Crick et lui-même, de la structure de l'ADN, il est dit, non sans humour, que les décrypteurs, en 1953, du code génétique, ont pu penser que c'était là « l'événement le plus célèbre de la biologie depuis le livre de Darwin ». Laissons, quant à nous, à l'histoire le soin de le dire, si elle ne l'a déjà fait. En tout état de cause, la comparaison des objets, des instruments et des méthodes de la recherche, à un siècle environ d'intervalle, rend brutalement sensible que l'histoire des sciences de la vie est vraiment une histoire, c'est-à-dire une suite de ruptures et d'inventions. Nous dirions de mutations, s'il ne nous | paraissait pas inadéquat de calquer l'histoire des **114** sciences de la vie sur l'histoire de la vie. Nous dirions de sauts dialectiques, si nous ne craignions pas d'être soupçonné d'opportunisme intellectuel. Peu importe d'ailleurs la métaphore ou le modèle. Il s'agit, avant tout, de montrer non pas tant « par qui » mais « en quoi et comment » cette histoire a été accomplie.

Elle l'a été, selon nous, par la constitution d'un « nouvel objet scientifique » en biologie, un objet polyscientifique ou interscientifique. N'entendons pas par là un objet traité en commun par plusieurs disciplines, mais un objet construit expressément comme effet de leur collaboration.

En 1859, les interrogations concernant l'organisation vivante étaient dispersées, d'une dispersion héritée du XVIIIᵉ siècle ; les techniques étaient improvisées, souvent solitaires ; les théories rares et courtes. Quel que fût le lieu de leur travail, sur le terrain, comme Darwin, ou dans des laboratoires de tenue encore artisanale, comme les histologistes, les embryologistes, ou les physiologistes, les chercheurs étaient sans doute informés de ce qui se faisait ou se disait ailleurs ou à côté, mais leurs techniques d'investigation restaient, pour une large part, étrangères les unes aux autres. Dans son *Carnet de Notes*, Claude Bernard écrivait que « la microscopie en excès nuit à la physiologie... la microscopie rétrécit l'esprit » et aussi que « la notion de quantité qui est d'autant plus importante à considérer dans les mathématiques l'est d'autant moins en biologie ». Ces derniers mots visaient expressément les physiologistes allemands de l'époque, et d'abord, Ludwig. Celui-ci avait sans doute un sens plus aigu de la coopération nécessaire des disciplines et des techniques. Mais le fameux Institut de Leipzig les juxtaposait plus qu'il ne les composait.

Soit aujourd'hui un cristal d'ADN. C'est un long travail, au sens propre, travail technique et travail théorique, qui en a rendu possible l'existence, non pas comme un artefact, mais comme un objet « surréel », c'est-à-dire non-naturel. Il est le dernier venu dans une collection de nouveaux objets scientifiques inventés depuis la fin du XIXᵉ siècle : l'extrait de cellule, le métabolite intermédiaire, le gène de drosophile, la culture de
115 bactéries mutantes, etc. ... Ce nouvel objet | de la biologie se situe à l'intersection des techniques de micro-extraction et de microdissection, de l'algèbre combinatoire, du calcul statistique, de l'optique électronique, de la chimie des enzymes. Mais le nouvel objet biologique a pour corrélat une nouvelle biologie, une biologie née elle-même du travail qui a donné naissance à son objet. À ce moment, la désignation des sciences telles que physique ou chimie par l'adjonction à leur nom de l'adjectif « biologique » ou du radical « bio » ne signifie plus la spécification d'un nouveau domaine, mais la conversion à une nouvelle mentalité. La biophysique, la biochimie sont une autre physique, une autre chimie. Celle-ci en particulier, en ce qui a trait aux problèmes d'énergétique cellulaire, a dû s'instruire dans l'étude des réactions à basse température et à des états voisins de l'équilibre. Ainsi la

nouvelle biologie est la science d'un objet de subtilité structurale ou fonctionnelle inimaginable à la fin du XIXᵉ siècle,
d'un objet obtenu par une cascade de renoncements à des traits
jusqu'alors tenus pour caractéristiques de l'être vivant : par
exemple, renoncement à la sexualité pour la reproduction,
à l'intégrité de l'individu cellulaire pour l'exercice de ses
fonctions de dégradation enzymatique. La vie est étudiée au
plus près de la non-vie, à l'état maximum de dénuement de ses
attributs traditionnels.

C'est la raison pour laquelle un des problèmes majeurs de
l'année 1859, celui de l'origine de la vie, a pu de notre temps
être lié au problème de sa structure et être travaillé par les
mêmes moyens. C'est par l'expérimentation qu'on cherche
aujourd'hui à résoudre une question de nature historique. Dans
les dernières lignes de *L'Origine des Espèces*, Darwin évo-
quait la vie « animant à l'origine quelques formes ou une forme
unique, sous le souffle du Créateur ». La référence au Créateur
n'était au fond rien d'autre que la reconnaissance de la limite
au-delà de laquelle devait s'arrêter l'explication par la loi
d'évolution. Le vivant est là où l'évolution est possible. L'évolution s'exerce là où est le vivant. La question de l'origine de
premières formes vivantes c'était celle dont la solution divisait
Pasteur et Pouchet. Si l'on ne croyait plus alors à la génération
spontanée des rats ou des mouches, certains croyaient à la
génération spontanée d'infusoires. La découverte de la structure macromoléculaire de la matière vivante a permis de relier
dans une même question, obtenue par régression historique, l'évolution organique et l'évolution chimique. Au point
exact où l'objet se dérobe | à l'analyse des structures vivantes **116**
élémentaires fossilisées, puisqu'il n'y a pas de paléontologie
des macromolécules, de paléontologie prébiotique, la relève
est prise par la biophysique et la biochimie. Le journal du

laboratoire se substitue à l'histoire de la nature. La synthèse tente d'imiter les stades d'apparition d'une morphologie infra-microscopique et de reconstituer rationnellement, en l'absence de toute donnée d'observation, l'évolution au terme de laquelle, à partir d'une grande diversité initiale d'éléments chimiques, l'uniformité biochimique obtenue peut supporter la complexification sélective des formes vivantes. Le domaine de validité de l'explication par sélection darwinienne peut-il être étendu du biologique au pré-biologique? L'évolution avant et après la constitution du code génétique est-elle la même? Comment passer d'un chaos de réactions chimiques à un métabolisme ordonné à son auto-conservation et à son auto-reproduction? Les « protobiontes » d'Oparin, les « éobiontes » de Pirie ont-ils été adaptés à survivre par les mêmes méca-nismes qui régissent les systèmes vivants actuels? Cent ans après, les deux recherches sur les origines, celle de Darwin, celle de Pasteur, sont devenues des aspects complémentaires d'une même recherche. Il est à peine besoin de rappeler quelle impulsion l'étude interdisciplinaire de ces problèmes a reçue des travaux du Colloque international de Moscou, en 1957, sur l'origine de la vie.

En recherchant expérimentalement, à l'échelle du laboratoire, la solution d'un problème résolu, sans avoir été posé, à l'échelle cosmique, il y a quelques milliards d'années, la science contemporaine pose elle-même un problème qu'on nous permettra de dire philosophique. Le projet de reconsti-tution de l'histoire intégrale de la vie sur la terre, par extra-polation rétroactive au passé cosmique de la validité des lois, dans des circonstances déterminées par les hypothèses cosmo-goniques, aboutit aux conditions initiales *supposées* d'un état de fait *donné*, la structure fondamentale des organismes actuels. Or il faut se demander, – et l'on se demande effectivement – si les métabolismes retenus par l'évolution et intégrés dans les organisations actuelles sont, ou ne sont pas, la totalité des métabolismes originairement à l'œuvre dans des formes initiales ou intermédiaires aujourd'hui disparues. La reconstitution des origines explore un champ de possibilités d'avance limité par le fait contraignant du réel présent. Saurons-nous un jour si des circonstances aveugles à leurs effets à venir pouvaient, ou non, | inaugurer une autre vie que celle dont **117** vivent aujourd'hui les vivants, dont nous sommes ?

À ce niveau d'interrogation se situent certains problèmes peut-être trop aisément résolus ou écartés par de nombreux généticiens ou biochimistes. Le nombre de combinaisons possibles avec un nombre fini de gènes, susceptibles chacun de quelques changements par mutation, est un nombre incommensurablement plus grand que celui qui a pu être effectivement réalisé. On ne peut pas appliquer aux divers instants de la durée évolutive le raisonnement de Lucrèce, concevoir des combinaisons quelconques de parties organiques, y compris les incompatibles dont le temps ferait instantanément justice. La sélection naturelle n'a pu éliminer que ce qui était viable et non pas ce qui n'était qu'algébriquement possible. Par viable, il faut entendre tout ce qui pouvait, pour un temps, entrer en rapport avec un milieu. Le programme génétique est la conservation d'une information retenue après élimination d'erreurs. Mais ces erreurs n'étaient pas des erreurs dans la combinaison, c'étaient des erreurs de tentative ou d'essai, c'est-à-dire des échecs de quelque combinaison. Ces essais mettaient en rapport des organismes et des milieux. Les mutations des génotypes, même quand elles se sont révélées impertinentes, n'étaient pas simplement des écarts à partir d'une règle interne, elles étaient aussi une réponse, une réaction sous l'action du milieu.

Ainsi l'on peut, et c'est aux biologistes spécialistes des problèmes d'écologie de dire si l'on doit, aujourd'hui, maintenir la spécificité, face aux ambitions parfois illimitées de certains biochimistes, des recherches relatives au mode d'action sur les organismes de leur environnement, recherches qui ont donné lieu, au cours du XIXe siècle, à bien des malentendus, et au cours du XXe, à de pénibles conflits. En dehors de toute exploitation idéologique, c'est le sens de l'adaptation qui est ici en question. S'il y a aujourd'hui une quasi-unanimité pour en éliminer le recours à la finalité, nombreux sont encore ceux qui pensent que le recours au hasard n'en est pas une explication pleinement satisfaisante. Ni finalité, ni hasard, qu'est-ce donc que l'opportunisme des êtres vivants ?

C'est dire aussi que les recherches sur les lois qui régissent le contrôle | par l'organisme de son équilibre avec l'environnement naturel ne sont nullement suspendues par la fécondité et l'ampleur des acquisitions communes de la biochimie et de la génétique. Qu'il s'agisse des phénomènes de conditionnement, dans l'étude desquels s'est illustré Ivan Pavlov, ou d'une façon plus générale des processus d'intégration, sous toutes leurs formes, nerveuse ou hormonale, leur étude par les physiologistes conserve toute sa signification spécifique. On pourrait aller jusqu'à dire que plus la connaissance des mécanismes de spéciation cellulaire s'étend, plus vif se fait le besoin de mieux connaître comment la division du travail cellulaire se trouve coordonnée par des mécanismes d'information réciproque. Dans ce domaine, l'étude des appareils récepteurs, des régulateurs et des boucles de régulation a fait appel, avec succès, à la construction de modèles mathématiques, à l'utilisation des méthodes de pensée et de calcul propres à la théorie des systèmes asservis. Même si ces asservissements renvoient en définitive à un programme inscrit dans le patrimoine génétique, il reste que leur étude différentielle peut être légitimement revendiquée par les physiologistes.

Il en va de même pour les comportements proprement dits des organismes. Les attribuer à un programme inné et impératif ne saurait dispenser d'observations et d'expérimentations comparatives exigeant une ingéniosité particulière. Chacun de nous parle dans sa langue maternelle, mais la langue que nous parlons ne contient pas, même si l'usage collectif crée des stéréotypes, ce que chacun de nous doit trouver à dire dans telle ou telle circonstance inattendue. De même un animal arboricole n'a pas un comportement de cavernicole, et on ne peut pas obtenir par dressage de l'un ce qu'on obtient de l'autre. Mais un singe arboricole peut apprendre à distinguer différents objets de forme géométrique, c'est-à-dire non naturelle, des objets sans existence dans un univers d'où l'homme est absent. Mais nous sommes ici, sans doute, aux frontières de la biologie.

* * *

De Darwin à nos jours, et plus précisément de 1900 à aujourd'hui, les sciences de la vie ont appris que la plupart des problèmes qu'elles | s'étaient posés au XIXᵉ siècle ne pouvaient **119** trouver de solution que par un changement d'échelle de l'objet d'étude et par une nouvelle façon d'interroger. Au XIXᵉ siècle, les techniques et les produits du travail des chimistes avaient autorisé Auguste Laurent à dire, en 1854, que la chimie était devenue la science des corps qui n'existent pas, et Marcellin Berthelot à dire, à son tour, en 1860, que la chimie crée son objet. Il aura fallu environ un siècle pour que des biologistes puissent reprendre ce mot à leur compte, autrement que comme une vantardise.

Cette révolution dans l'objet, et cette révolution dans l'optique n'eussent pas été possibles si les sciences physiques n'avaient commencé par donner l'exemple. Parce que les physiciens et les chimistes avaient, en quelque sorte, dématérialisé la matière, les biologistes ont pu expliquer la vie en la dévitalisant. Ce que l'homme avait cherché à percevoir sur et dans les organismes tels que la nature les lui offrait depuis des temps immémoriaux, il le suscitait maintenant dans des préparations de laboratoire. De descriptif, le darwinisme est devenu déductif. De vivisectionniste, la physiologie est devenue mathématicienne. Ce que l'œil ou la main ne pouvait plus discerner ou saisir a été confié au pouvoir des appareils de détection. Plus de biologie désormais sans machinerie, ni sans calculatrices. La connaissance de la vie dépend désormais des nouveaux automates. Ils sont ses modèles, ses instruments, ses délégués. Il faut accepter la collaboration de ces simulateurs des fonctions du vivant humain, il faut désormais accepter de vivre en leur compagnie, si l'on tient à mieux savoir en quoi consiste vivre. Jamais il n'a été à ce point manifeste combien l'homme doit travailler à se rendre étrangers les objets naïfs de ses questions vitales pour en mériter la science.

| III. LA QUESTION DE LA NORMALITÉ
DANS L'HISTOIRE DE LA PENSÉE BIOLOGIQUE

Un historien de la biologie, Emil Radl, s'étonnait, au début du XIXᵉ siècle, de constater que des biologistes et des historiens de la biologie rangeaient Galilée et Descartes au nombre de ceux auxquels la science moderne de la vie serait redevable de l'efficacité de sa méthode, alors que «on ne peut rattacher à aucun d'entre eux une Idée biologique digne d'être prise en considération»[1]. On voit que l'historien de Prague se dressait déjà, pour ce qui concerne la biologie, contre les prétentions de ce qu'on a nommé depuis le réductionnisme, dont l'École de Vienne élaborait alors les premiers axiomes. Radl se démarquait expressément de cette philosophie biologique dans laquelle, après Darwin, les interdits positivistes et les injonctions matérialistes étaient amalgamés en un rationalisme de laboratoire, isomorphe du radicalisme politique d'époque. Si la vie n'est pas que de la matière, gare à l'âme, à l'immortalité et au pouvoir des prêtres!

---

1. I. Theil, *Geschichte der biologischen Theorien in der Neuzeit*, 2ᵉ éd., Gänzlich Umgearbeitete Auflage, Leipzig-Berlin, 1913, Vorwort, s. VIII: «Auch von den Biologen wurde ein Galilei, ein Descartes als Begründer der neuen Auffassung des Lebens gepriesen, obwohl an dieselben keine beachtenswertere biologische Idee anzuknüpfen ist».

Mais qu'est-ce qu'une Idée biologique? ou plutôt qu'est-ce qu'une idée du biologique? L'histoire de la biologie peut-elle répondre à une telle question? Ou bien faut-il déjà avoir donné quelque réponse à cette question pour avoir le droit d'inscrire sous la rubrique : histoire de la biologie une recherche en histoire des sciences?

122 | L'histoire d'une science manquerait sans doute son objectif si elle ne réussissait pas à représenter la succession de tentatives, d'impasses et de reprises qui a eu pour effet la constitution de ce que cette science tient aujourd'hui pour son objet propre. Or, à la différence de géométrie ou d'astronomie, termes plus que bi-millénaires, biologie n'est pas encore bi-centenaire. Quand ce terme fut proposé, il y avait longtemps que géométrie avait cessé de désigner la science des figures qu'on peut tracer avec la règle et le compas, et c'était le moment où astronomie cessait de désigner l'étude du seul système solaire. Dans ces deux cas le même signifiant d'une discipline scientifique se perpétuait dans une histoire en rupture avec ses origines. Par contre, dans le cas de la biologie l'invention du terme et du concept répondait à l'ambition de qualifier par récurrence, de façon plus pertinente, l'objet d'une discipline qui ne se coupait pas de son passé.

N'est-il pas frappant qu'au moment où Lamarck fait allusion, dans l'Avertissement de la *Philosophie zoologique* (1809), au traité de *Biologie* qu'il n'écrira pas (le terme de *biologie* a été rendu public, pour la première fois dans son *Hydrogéologie*, de 1802), cet Avertissement concerne les problèmes généraux de l'organisation des animaux «à mesure que l'on parcourt leur série, depuis les plus parfaits d'entre eux, jusqu'aux plus imparfaits»? Or, l'idée d'une série animale hiérarchisée, série elle-même comprise dans une «échelle des êtres», restitue l'objet de la nouvelle biologie à l'ancienne

Historia animalium d'Aristote et au *De partibus animalium.*
C'est au point que l'invention propre de Lamarck, la modification des organes par le pouvoir des habitudes, sous l'action
des circonstances changeantes du milieu de vie, a pour fin
explicite de rétablir, par delà les lacunes et discontinuités des
classifications proposées par les naturalistes, « l'ordre même
de la nature », la progression évidente et la gradation de l'organisation, gradation que ses « anomalies » n'autorisent pas à
méconnaître.

Quant à l'autre inventeur du terme et du concept de
biologie, G.-R. Treviranus, le titre même de l'ouvrage publié
en 1802, *Biologie oder Philosophie der Lebenden Natur für
Naturforscher und Arzte* (t. II; le dernier tome – VI – a paru en
1822), indique qu'il ne se soucie pas de dissocier, sinon de
distinguer, le naturaliste et le médecin dans leur conception
philosophique, c'est-à-dire générale, des phénomènes de la
vie. | Ainsi, au début du XIXe siècle, un nouveau point de vue, **123**
déterminant un nouvel horizon logique dans l'étude des êtres
vivants, reste en fait asservi à l'intrication traditionnelle des
points de vue du naturaliste et du médecin, celui de l'investigation et celui de la restauration. Cuvier dans son *Histoire des
Sciences Naturelles* (6e leçon) soulignait la dette d'Aristote
naturaliste à l'égard des Asclépiades. Ch. Singer a écrit, dans
le même esprit, que parce qu'Hippocrate a été sacré « père de
la médecine » il pourrait être dit « père de la biologie ».

Mais il vient immédiatement à l'esprit que, depuis le début
du XIXe siècle, la définition de l'objet spécifique de la biologie
a été purgée de toute référence à des concepts d'ordre axio-
logique, tels que ceux de perfection ou d'imperfection, de
normal ou d'anormal, etc. ... Il semble manifeste que le projet
thérapeutique, puisqu'il a cessé d'informer, ou plus exactement de déformer, le regard que le biologiste dirige sur ses

préparations de laboratoire, se borne désormais à l'application
du savoir biologique. En conséquence, la question de la
« normalité » dans l'histoire de la pensée biologique devrait
être rangée parmi les considérations inactuelles. Nous voulons
tenter une démonstration du contraire. À cet effet, portons-
nous intentionnellement tout d'abord au terme de l'itiné-
raire historique. Rappelons que pour nos contemporains biochimistes les fonctions d'auto-conservation, d'auto-reproduction, d'auto-régulation sont les propriétés caractéristiques des
micro-organismes, tels que les bactéries. Rappelons aussi que
la référence d'intelligibilité, ou le modèle de ces fonctions le
plus souvent proposé par les chercheurs eux-mêmes, et pas
seulement par les vulgarisateurs de leurs résultats, est « l'usine
chimique entièrement automatique »[1]. Ajoutons enfin que
la supériorité de ces fonctions organiques sur les fonctions
technologiques analogues est reconnue sinon dans leur
infaillibilité, du moins dans leur fiabilité, et dans l'existence
de mécanismes de détection et de rectification de ce que les
biochimistes nomment des erreurs ou des fautes de reproduction. Il n'en faut pas plus, selon nous, pour accorder quelque
crédit de sens à la question de savoir si la succession des défi-
nitions caractéristiques de l'être vivant, objet de la biologie, ne
serait pas sous-tendue, dans la constitution historique de cette
science, par une sorte de principe de conservation thématique.
124 Dans cette hypothèse – et contrairement à une idée de | la
science que bien des philosophes et des historiens des sciences
ont élaborée à l'ère de la physique des objets macroscopiques
– la biologie ne serait pas une science comme les autres, et
l'histoire de la biologie devrait s'en ressentir dans sa problé-

---

1. F. Jacob, *La logique du vivant*, Paris, Gallimard, 1970, p. 302.

matique et dans son mode d'écriture. Car le principe supposé de conservation thématique dans l'histoire de la biologie n'est peut-être que l'expression de la soumission, sous des formes différentes, du biologiste à cette *donnée* de la vie, dans quelque vivant que ce soit, qu'est son auto-conservation par auto-régulation. Serait-ce là l'Idée biologique dont parlait Emil Radl? Sans doute, le chemin est long et tortueux de l'entéléchie d'Aristote à l'enzyme du bio-chimiste. S'agit-il ou non du même cheminement?

* * *

Les concepts fondamentaux d'une définition du corps vivant chez Aristote sont ceux d'âme et d'organe. Le corps vivant est un corps animé et organisé. Il est organisé parce qu'il est animé. L'âme est en effet acte, forme et fin. « Si l'œil était un animal, la vue serait son âme... Il faut étendre ce qui est vrai des parties à l'ensemble du corps vivant » (*De anima*, II, I). Les organes sont les instruments des fins de l'âme. « Le corps existe en quelque sorte en vue de l'âme, et les parties du corps en vue des fonctions que la nature a assignées à chacune » (*De partibus animalium*, I, 5). On ne dira jamais assez de quel poids a pesé dans l'histoire de la biologie l'utilisation, par Aristote, du terme d'*organon* pour désigner la partie (*morion*) fonctionnelle d'un corps animal ou végétal, telle que main, bec, aile, racine, etc. ... Jusqu'à la fin du XVIIIe siècle, au moins, l'anatomie et la physiologie ont conservé, avec sa puissance d'équivocité, un terme qu'Aristote a emprunté au vocabulaire des artisans et des musiciens, et dont l'usage suppose l'adhésion, implicite ou explicite, à quelque idée d'analogie, dans quelque sens qu'on la prenne, entre la nature et l'art, entre la vie et la technique.

Il est bien connu qu'Aristote conçoit la nature et la vie comme l'art des arts, entendons le procédé téléologique en soi, immanent, sans préméditation, sans délibération, procédé que toute technique tend à imiter, et dont s'approche au plus près l'art du médecin quand il se | guérit lui-même par auto-application des règles qu'inspire l'idée de la santé, fin et forme de l'organisme vivant. Sous ce rapport, le naturalisme biologique d'Aristote, fils de médecin, s'apparente au naturalisme hippocratique.

Mais le procédé téléologique de la vie n'est pas absolument efficace et infaillible. L'existence des monstres (*De generatione animalium*, IV, 10) atteste qu'il y a des erreurs de la nature, explicables par la résistance de la matière à l'information par la forme. La forme ou la fin ne sont pas nécessairement et universellement exemplaires, elles règnent avec une certaine tolérance d'écarts. La forme d'un organisme s'exprime dans une constance approchée, par ce qui se présente dans la plupart des cas. C'est ce qui nous autorise à considérer la forme comme une norme, au regard de quoi l'exception est qualifiée d'anormalité.

Les thèses de l'aristotélisme ont été renversées, point par point, par Descartes. La Nature est identifiée aux lois du mouvement et de sa conservation. Tout art, y compris la médecine, est une certaine espèce de construction de machines. Descartes conserve le concept anatomo-physiologique d'organe, mais abolit toute différence entre organisation et fabrication. Entre le corps vivant et l'automate, simulateur du corps vivant, la relation de modèle est réversible, mais au prix d'une équivoque. La construction de l'automate procède d'une intention de *copie*, mais son utilisation par la théorie cartésienne du vivant est celle d'un *équivalent* intelligible. La physique de Descartes ne peut admettre de différence ontologique entre nature et art. «Lorsqu'une montre marque les heures par le moyen des roues dont elle est faite, cela ne lui est pas moins naturel qu'il ne l'est à un arbre, né de telle ou telle graine, de produire tels ou tels fruits» (*Principes de la philosophie*, IV, 203).

On ne saurait s'étonner de voir des historiens de la biologie ou de la médecine ranger Descartes du côté des médecins-mathématiciens italiens, inspirés par la mécanique de Galilée et la statique médicale de Santorius. Mais cette localisation semble paradoxale à quelques autres, dans la mesure où elle revient à faire figurer dans l'histoire d'une science une entreprise réductionniste ayant pour effet l'annulation de l'objet spécifique de la science en question. Qu'on nous permette de | contester la simplicité traditionnelle d'un schéma scolaire, **126** dont la responsabilité revient à une lecture incomplète des textes ou à une insuffisance d'attention accordée à certains concepts. Nous prétendons que Descartes n'a pas réussi à accréditer son projet et son programme, car il a lui-même été contraint d'intégrer dans la définition du vivant qu'il revendiquait comme objet de la mécanique des attributs positifs rebelles à cette juridiction.

Et d'abord, l'horloge ou la montre cartésienne n'est pas moins soumise aux lois de la mécanique, selon qu'elle indique ou non l'heure juste (*Méditations métaphysiques*, VI). De même, il n'est pas moins naturel à l'homme d'être malade que d'être sain, et la maladie n'est pas une corruption de la nature. (*ibid.*). Mais la soif qui porte l'hydropique à boire, à son détriment, est une «véritable erreur de la nature», alors même qu'elle reste un effet de l'union substantielle de l'âme et du corps dont les sentiments, tels que la soif ou la douleur, sont des indicateurs, de fiabilité statistiquement éprouvée, des choses ou des situations utiles ou dommageables «à la conser-

vation du corps humain, lorsqu'il est en pleine santé » (*ibid.*).
Ce que confirme la fin de l'*Entretien avec Burman* (1648), où
la médecine des médecins, en l'absence d'une médecine
fondée en raisons de mécanique cartésienne, se voit dépréciée
et raillée, au profit d'une conduite de la vie, docile, comme le
sont les bêtes, aux enseignements muets de la nature appliquée
à « la restitution de soi-même ». « Chaque homme peut être son
propre médecin »[1]. L'auto-conservation reste, même chez
Descartes, le caractère distinctif premier du corps vivant. Et le
modèle de l'horloge ou de la montre s'enrichit, après la mort
de Descartes (1650), de dispositifs nommés régulateurs bien
longtemps après leur invention par Huygens : pendule à
oscillations isochrones (1657), ressort spiral (1675). Quand
Lavoisier introduit en physiologie de la respiration et de la
chaleur animale le concept de « régulateurs de la machine
animale » (*Premier mémoire sur la respiration des animaux*,
1789) la coïncidence est opérée entre les concepts cartésiens et
les intuitions hippocratiques.

Si le concept métaphorique de « machine animale » ne
parvient pas à dissimuler totalement la propriété caractéris-
tique du vivant pour la | désignation de laquelle il suggèrera, au
XVIIIᵉ siècle, l'usage du terme de « régulateur », le concept, non
moins métaphorique, d'« économie animale » (1640), posté-
rieur à celui d'économie politique (1615), répond à l'intention
explicite de respecter l'aspect bien tempéré des rapports de
structure et de fonctions dans le corps organisé. Comme
l'économie domestique, l'économie animale suppose le sage
gouvernement d'un ensemble en vue du bien général. « Écono-

----

1. *Cf.* E. Aziza-Shuster, *Le médecin de soi-même*, Paris, PUF, 1972,
chap. 1 : « Descartes et la médecine, des "démonstrations infaillibles" à l'écoute
de la nature ».

mie animale » c'est, dans l'histoire des concepts de la physiologie, l'opérateur de la substitution progressive, au cours du
XVIIIᵉ siècle, du concept d'organisme à celui de machine animale. « Économie », aussi bien qu'« organe », est un concept
d'origine aristotélicienne. Le recoupement partiel des deux
concepts obéit à quelque logique de l'histoire des idées
scientifiques.

À partir de 1650, la prolifération des termes dérivés de
organe, dans les langues latine, française, anglaise : organisation, organisé, organique, organisme – termes utilisés aussi
bien par les philosophes comme Gassendi, Locke, Leibniz,
Bossuet, que par des médecins comme D. Duncan ou
G.E. Stahl – est l'indice d'un effort collectif d'élaboration
d'une nouvelle conception de la vie. C'est, sans conteste, Stahl
qui a le plus obstinément défendu l'irréductibilité de l'organisme, c'est-à-dire d'un certain *ordre* de relations entre parties
dans un tout, au mécanisme (*De diversitate organismi et meca-
nismi*, 1706). Le corps vivant est instrumenté et instrumental.
Cette espèce de disposition efficiente de la structure (*struc-
tura, constructio, ordinatio, distributio*, § XIX) manifeste
un concours coopératif d'agents, immédiats ou médiats. La
constitution matérielle du corps l'expose à une corruption
rapide. Or Stahl observe que la maladie est une exception.
C'est donc qu'un pouvoir de conservation, pouvoir immatériel
de résistance active à la décomposition, opère en permanence.
L'auto-conservation de l'organisme n'est pas un effet de
l'automatisme machinal, mais de l'« autocratie » naturelle (*De
autocratia naturæ*, 1696).

On mesure mal l'importance de l'animisme stahlien quand
on se borne à recenser les démentis que les progrès de la
physiologie lui ont infligés par la suite. Si l'on veut bien considérer que l'identification des constantes caractéristiques de

128 l'organisme est, dans le système | de Stahl, une pièce moins fragile que l'assignation d'une cause supposée de ces caractères, on retrouvera la marque de Stahl sur plus d'un texte de biologiste au XIXᵉ siècle. Plus encore qu'en Écosse et en Angleterre, par Robert Whytt, ou qu'en Allemagne, par Felix Platner, le stahlisme a fait école en France par les médecins de Montpellier, par Th. de Bordeu et par P.-J. Barthez, qui ont inspiré Xavier Bichat. Les critiques de Claude Bernard à l'endroit du vitalisme de Bichat ne lui ont cependant jamais fait oublier que son regard de physiologiste devait autant à la lecture de Bichat qu'à l'exemple de Magendie. La mort, la maladie et la capacité de rétablissement distinguent le vivant de l'existence brute.

> Les philosophes médecins et naturalistes ont été frappés vivement de cette tendance de l'être organisé à se rétablir dans sa forme… et à prouver ainsi son unité, son individualité morphologique (*Leçons sur les phénomènes de la vie communs aux animaux et aux végétaux*, 1ʳᵉ leçon, 1878).

La discussion des théories causales, proposées pour expliquer la régularité et la constance des phénomènes de l'organisation, importe moins à Claude Bernard que la reconnaissance du fait même de l'organisation :

> Il y a donc dans le corps animé un arrangement, une sorte d'ordonnance que l'on ne saurait laisser dans l'ombre, car elle est véritablement le trait le plus saillant des êtres vivants. Que l'idée de cet arrangement soit mal exprimée par le nom de *force*, nous le voulons bien : *mais ici le mot importe peu, il suffit que la réalité du fait ne soit pas discutable* [1].

---

1. *Ibid.* Souligné par nous.

* * *

Ce n'est pas seulement comme histoire de l'anatomie et de la physiologie que l'histoire de la biologie commence à Aristote, c'est aussi comme histoire de ce qui fut longtemps nommé histoire naturelle : la classification des vivants, leur distribution en un tableau de ressemblances et de différences, l'interrogation sur leurs relations d'exclusion ou de parenté, suggérées par la comparaison de leurs formes, la recherche enfin de la compatibilité, ou des modalités de coexistence, de la diversité des organisations dans un cadre de vie limité par son support terrestre, compatibilité ou coexistence auxquelles Linné a donné le nom d'*œconomia naturæ* (1749).

| L'histoire de l'histoire naturelle a été dominée par la **129** question de *l'espèce*. Quel est le statut, nominal ou réel, de la constance des déterminants qui distinguent le loup du chacal, la renoncule de la rose ? Cette constance n'est pas exclusive de variations, de différences, en sorte que s'est imposée la recherche des conditions de permanence de l'unité dans la diversité, recherche qui a conduit à référer les faits de morphologie à des faits de généalogie, et les formes à leur mode de reproduction, d'où les questions de la fécondité et de l'interfécondité, de l'hybridation et de l'interstérilité.

Le statut de l'espèce est, au XVIIIᵉ siècle, le problème majeur des naturalistes. Les témoins en sont, avant tout, Buffon et Linné. Le second n'a pas éprouvé les mêmes difficultés que le premier à tenir les espèces pour des règles fixes – parce que fixées dès la Création du Monde – de génération successive des formes de vivants. Buffon a tenté de résoudre le problème par la théorie des *moules intérieurs* et des *molécules organiques*. Éléments indestructibles des cycles de génération, les molécules organiques s'accumulent en corps vivants de forme spécifique, sous la contrainte de moules intérieurs qui sont une règle d'ordre, relatif à la forme, dans lequel les parties doivent être disposées pour former un tout.

Examinons un moment cette métaphore du « moule intérieur ». Un moule, instrument de fonderie ou de maçonnerie, est en quelque sorte un impératif de forme selon les trois dimensions de l'espace. L'étymologie du mot l'apparente à module et à modèle. L'usage de la chose est bien celui d'une norme de structure. Mais, dans le cas des corps organisés, la norme structurelle tolère des irrégularités que Buffon nomme, à plusieurs reprises, êtres *anomaux*. L'anomalie organique est cependant différente d'une irrégularité physique. Bien que Buffon ait d'abord imaginé la génération par analogie avec la cristallisation, pour finir par se représenter la cristallisation comme une organisation, il n'a pu éviter de lier le fait de l'anomalie au problème de la *dégénération*, c'est-à-dire, en fait, à celui de la mutabilité des espèces. Sur ce point, la pensée de Buffon ne s'est pas établie dans la certitude. Il n'a pas considéré comme absurde *a priori* l'idée d'une dérivation des espèces, mais il a cru ou feint de croire que les faits d'observation confirmaient l'enseignement de la Révélation biblique (cf. *Histoire naturelle des animaux* : l'Âne).

130 | Plus d'audace théorique, peut-être en raison d'une moindre information empirique, apparaît dans l'œuvre de Maupertuis. On peut dire de lui qu'il a fait de l'écart d'organisation la règle de la progression des organismes. Le *Système de la Nature* (1751) expose une théorie de la génération qui repose sur l'existence de particules élémentaires de la matière douées d'appétit et de mémoire dont l'« arrangement » reproduit la formation, peut-être miraculeuse, des premiers individus (§ XXXI). La compatibilité ou l'incompatibilité des « arrangements » dans les semences mélangées par les

accouplements expliquerait les phénomènes de ressemblance, de métissage, de monstruosité.

> Ne pourrait-on pas expliquer par là comment de deux seuls individus la multiplication des espèces les plus dissemblables aurait pu s'ensuivre ? Elles n'auraient dû leur première origine qu'à quelques productions fortuites dans lesquelles les parties élémentaires n'auraient pas retenu l'ordre qu'elles tenaient dans les animaux pères et mères : chaque degré d'erreur aurait fait une nouvelle espèce, et à force d'écarts répétés serait venue la diversité infinie des animaux que nous voyons aujourd'hui (§ XLV).

On est tenté de lire ce texte à travers la grille de lecture procurée par les théories contemporaines de la biochimie macromoléculaire et de la génétique. L'*ordre* et l'*erreur* sont présentés dans ce texte, ainsi que dans l'explication actuelle des malformations biochimiques héréditaires, comme supports et responsables de la normalité et de l'anormalité. Mais la grille de lecture que la génétique et la biochimie nous procurent aujourd'hui pour l'interprétation des phénomènes d'anormalité organique s'est constituée en coopération avec l'explication darwinienne de l'origine des espèces et de l'adaptation des organismes. On comprend alors pourquoi les propositions de Maupertuis doivent être tenues moins pour des anticipations scientifiques que pour des fictions. Maupertuis n'a pas su résoudre la difficulté que constituait le mécanisme naturel de la normalisation des écarts. Pour lui, comme pour Buffon, l'intervention de l'homme, par les techniques de la domestication, de l'élevage et de l'agronomie, était le seul agent de stabilisation des variations spécifiques.

> Ce qu'il y a de sûr, c'est que toutes les variétés qui pouvaient caractériser des espèces nouvelles d'animaux et de plantes tendent à s'éteindre : ce sont des écarts de la Nature dans

lesquels elle ne persévère que par l'art ou le régime. Ses
131 | ouvrages tendent toujours à reprendre le dessus (*Vénus physique*, 1745, IIe partie, chap. 5, fin).

Il appartenait à Darwin de découvrir un mécanisme naturel de la normalisation de l'anomalie mineure qu'est la variation.

La publication de l'ouvrage *On the Origin of Species by Means of Natural Selection; or the Preservation of Favoured Races in the Struggle for Life* (1859) a suscité des réserves parmi ses premiers lecteurs, en raison de la signification traditionnelle de certains concepts engagés dans l'énoncé du titre et repris fréquemment dans le cours de l'ouvrage. La théorie de la sélection naturelle revient en somme à justifier *a posteriori* certaines déviances comme avantages précaires de survie dans des situations écologiques nouvelles. La convenance aléatoire est substituée à l'adaptation préordonnée. La sélection naturelle est éliminatoire. La forme du vivant survivant est détachée, par la mort des désavantagés, d'une masse d'individus tous différents, à quelque degré, les uns des autres. Le vocabulaire de Darwin, pour qui prend à la lettre les termes de *sélection*, *avantage*, *adaptation*, *faveur* et *défaveur*, masque en partie l'exclusion de la finalité dans l'explication darwinienne de l'origine des espèces. Est-ce à dire qu'est éliminée de l'idée de vie toute référence à une comparaison de valeurs ? Vivre ou mourir, lutter ou non avec succès – même si le succès ne consiste qu'à continuer de vivre – est-ce indifférent ? Le langage de Darwin trahit-il la pensée de Darwin ou bien traduit-il le fait irrécusable que, même pour Darwin, une explication causale de l'adaptation ne peut abolir le *sens vital* de l'adaptation, sens déterminé par la référence du vivant à la mort ? « Il y aurait eu des variations à l'état de nature que c'eût été un fait sans valeur, si la sélection naturelle n'avait agi… Quelles limites peut-on supposer à cette loi, lorsqu'elle agit pendant de longs âges et scrute rigoureusement la structure, l'organisation entière et les habitudes de chaque créature, pour favoriser le bien et rejeter le mal ? » (*Origine...*, chap. XIV, II, Récapitulation, etc. ...). L'ouvrage de Darwin s'achève enfin sur l'opposition entre le cycle perpétuel de la révolution terrestre et le progrès indéfini des formes vivantes « de plus en plus belles, de plus en plus merveilleuses ».

En définissant l'utilité des variations individuelles, des déviations de structure ou d'instinct, par l'assurance précaire de vie qu'elles | représentent dans un monde de vivants en **132** concurrence où « les relations d'organisme à organisme [*sont*] les plus importantes de toutes les causes de changement pour les êtres vivants » (*Origine...*, *ibid.*, V). Darwin a introduit en biologie un critère de normalité fondé sur le rapport du vivant à la vie et à la mort, il est bien loin d'avoir éliminé toute considération de normalité dans la détermination de l'objet biologique. Avant Darwin, la mort était considérée comme le régulateur de la quantité de vie sur le globe (Buffon), ou comme la sanction d'infractions à la Police de la Nature et l'instrument de l'Équilibre de la Nature (Linné). Selon Darwin, la mort est le sculpteur aveugle de formes vivantes, de formes élaborées sans Idée préconçue, mais par la conversion successive de déviations en chances de parcours dans un autre milieu. Darwin a sans doute délié le concept d'adaptation de toute référence à une finalité préordonnée, mais n'a pas conçu l'adaptation sans rapport à la normalité. Toutefois, selon l'esprit du darwinisme, la norme n'est plus une consigne figée, elle est une capacité transitive. La normalité des vivants c'est la qualité de la relation au milieu qui permet à ces vivants de permettre, à leur tour, par les variations individuelles de leurs descendants, de nouvelles formes de relation à un nouveau milieu, et ainsi à la suite. La normalité du vivant ne réside pas en lui, elle passe par lui, elle exprime, en un lieu et en un moment donnés, le rapport de la vie universelle à la mort.

Le fait que l'arbitrage par le milieu des variations compétitives soit non-téléologique n'entraîne pas nécessairement que le résultat, s'agissant d'existants dont la vie est une différence de valeur d'avec la mort, ne contribue à l'élaboration d'un ordre organique, élaboration obstinée dans son orientation, quoique précaire dans ses incarnations. La succession héréditaire des vivants est une délégation ininterrompue de pouvoir ordinal. Qu'importe alors que, selon le mot de Salvador E. Luria, « l'évolution travaille par menaces, non par promesses »[1].

* * *

En résumé, dans les années soixante du XIXe siècle, aussi bien par | la voie de l'histoire naturelle que par celle de la physiologie, l'organisme vivant pouvait être considéré comme un objet dont le mode d'existence est susceptible d'une valorisation contrastée, que les concepts de normalité ou d'anomalie désignent au niveau de la connaissance. Mais l'accord était loin d'être universel sur le fondement de cette valorisation.

Parce que le darwinisme constituait, sur la question de l'origine des espèces, une réfutation de la théologie naturelle ou révélée, certains biologistes ou philosophes l'ont investi aussi de la charge de réfuter toute conception de la nature de la vie autre que mécaniste ou matérialiste. L'encouragement leur

---

1. *La vie, expérience inachevée*, Paris, Colin, 1975 (trad. fr. de *Life, The Unfinished Experiment*, 1973), p. 156.

venait des progrès obtenus par les chimistes dans l'analyse et
la synthèse de composés organiques, dans la réduction des
processus vitaux à des transformations chimiques et à des
échanges d'énergie, selon les lois en cours d'élaboration par
la thermodynamique.

Pour ce qui concerne les physiologistes, ils pouvaient
s'inspirer d'une distinction faite par Bichat :

> Il y a deux choses dans les phénomènes de la vie : 1) l'état de
> santé ; 2) celui de maladie : de là deux sciences distinctes, la
> physiologie qui s'occupe des phénomènes du premier état, la
> pathologie qui a pour objet ceux du second. L'histoire des
> phénomènes dans lesquels les forces vitales ont leur type
> naturel nous mène, comme conséquence, à celle des phéno-
> mènes où ces forces sont altérées. Or dans les sciences
> physiques il n'y a que la première histoire : jamais la seconde ne
> se trouve. La physiologie est au mouvement des corps vivants
> ce que l'astronomie, la dynamique, l'hydraulique, l'hydro-
> statique etc. ... sont à ceux des corps inertes : or ces dernières
> n'ont point de science qui leur corresponde comme la patho-
> logie correspond à la première (*Anatomie générale appliquée à
> la physiologie et à la médecine*, 1801, I, p. 20-21).

Mais tous les physiologistes n'admettent pas, comme
Bichat, l'existence de forces vitales étrangères aux lois
physiques. Claude Bernard doit être cité ici encore une fois, en
raison de la persistante actualité de sa position. D'une part il
admet que les phénomènes vitaux ne relèvent que de causes
physico-chimiques, d'autre part il maintient que l'organisme
se développe, à partir de l'œuf, selon un dessin immanent, un
plan d'ordre, une régularité, dont l'organisation, son harmonie,
sa constance et sa | restauration éventuelle sont les effets.   **134**

Ce que Claude Bernard désignait par des images est
aujourd'hui expliqué par les théorèmes de la biochimie macro-

moléculaire. De même que la métaphore de « moule intérieur », les images de « dessin », de « plan », d'« idée direc-
trice », de « consigne » sont légitimées rétroactivement par le
concept de programme codé dans les séquences de nucléo-
tides[1]. Pour la première fois dans l'histoire de la biologie,
toutes les propriétés des corps vivants : croissance, organisation, reproduction, continuité héréditaire, sont expliquées
par la même formule de structure moléculaire : une réaction,
un enzyme ; un gène, un enzyme.

Or la biochimie du XXe siècle est parvenue à la conclusion
inverse de celle à laquelle tendaient la plupart des chimistes
organiciens du XIXe siècle ; l'abolition de toute différence
de nature entre le vivant et le non-vivant. On reconnaît
aujourd'hui que le mode d'existence du vivant est celui d'un
système en équilibre dynamique instable, entretenu dans sa
structure d'ordre par un emprunt continuel d'énergie aux
dépens d'un milieu caractérisé par le désordre moléculaire ou
bien par l'ordre figé du cristal. En sorte que, paradoxalement,
c'est au moment où la biologie a soumis complètement ses
objets à la juridiction des physiciens et des chimistes que se
trouve fondée rationnellement l'originalité de ces objets. À ce
moment, les concepts de régulation et d'homéostase sont
requis pour l'intelligibilité des fonctions de résistance et de
retardement à l'usure, à la désintégration, et au désordre,
fonctions de l'autonomie relative des systèmes vivants ouverts,
donc dépendants du milieu. Les intuitions, les images, les
métaphores de la normalité de l'organisme se trouvent justi-
fiées dans ce qu'elles visaient, alors même qu'elles se voient
dépréciées dans ce qu'elles disaient.

---

1. *Cf.* notre Préface à la réédition des *Leçons sur les phénomènes de la vie
communs aux animaux et aux végétaux*, Paris, Vrin, 1966.

Sans doute, le niveau d'objectivité où se légitime l'opposition du normal et de l'anormal s'est-il déplacé de la surface vers la profondeur, de l'organisme développé vers le germe, du macroscopique vers l'ultra-microscopique. À présent, ce sont les modalités de transmission du message héréditaire et de reproduction du programme génétique qui | déterminent la norme ou l'écart. Parmi les anomalies **135** chromosomiques humaines certaines sont immédiatement décelables par l'observation clinique, comme le mongolisme, d'autres sont tolérées sans effets apparents et ne s'extériorisent que sous l'effet de circonstances d'ordre écologique, comme le syndrome de Klinefelter. Parmi les anomalies génétiques, on rappellera seulement les « erreurs innées de métabolisme » (Garrod, 1909), c'est-à-dire les lésions biochimiques spécifiques, conséquences de la présence d'un gène mutant, qu'on dit alors anormal, non pas tant en raison de sa rareté statistique qu'en raison de ses effets pathologiques (hémophilie, chorée de Huntington, etc. …) ou mortels sous contrainte aléatoire de conditions écologiques. Une nouvelle nomenclature des maladies est ainsi constituée, par la référence du mal non plus à l'individu pris en totalité, mais à ses constituants morphologiques et fonctionnels : maladies de l'hémoglobine, maladies des hormones (thyroïdienne par exemple), maladie du muscle, etc. … Quant à la causalité des mutations de gènes, bloquant les synthèses chimiques par l'altération du catalyseur enzymatique, elle n'est plus interprétée comme l'écart imaginé par Maupertuis, mais comme erreur de lecture du « message » génétique, comme erreur de reproduction d'un texte, erreur de copie.

Avec le terme d'*erreur*, on n'est pas tout à fait revenu à la conception aristotélicienne et médiévale qui tenait les monstres pour des erreurs de la nature, puisqu'il ne s'agit plus ici d'une maladresse d'artisan ou d'architecte, mais d'une bévue de copiste. Il n'en reste pas moins que la nouvelle science des organismes vivants non seulement n'a pas éliminé l'aspect normal ou anormal de leur mode d'existence, mais bien au contraire l'a *fondé*, en l'enracinant dans leur structure originaire[1].

* * *

Un fait bien singulier et bien intéressant, du point de vue épistémologique, consiste dans la multiplication des termes formés avec le préfixe *auto-* qu'utilisent aujourd'hui les 136 biologistes pour décrire les fonctions | et le comportement des systèmes organisés : auto-organisation, auto-reproduction, auto-régulation, auto-immunisation, etc. ... Sans doute les biophysiciens et les biochimistes s'efforcent-ils de mettre au jour les déterminismes de ces propriétés et de construire des modèles cybernétiques d'automates auto-reproducteurs (J. von Neumann). Mais il reste que ces modèles ne sont que logiques et qu'*en fait* les seuls automates auto-reproducteurs sont précisément les systèmes organiques naturels, c'est-à-dire vivants. L'obligation épistémologique de désigner par des termes à préfixe *auto-* les propriétés de ces systèmes est l'expression de leur mode de relation à l'environnement. Selon Schrödinger « la vie est un comportement de la matière... ayant pour base le maintien d'un ordre préexistant » (*What is Life*, 1945), selon A. Lwoff « l'ordre biologique a pour seule source l'ordre biologique » (*L'ordre biologique*, 1962). Les systèmes vivants

---

1. *Cf.* dans *Le normal et le pathologique*, Paris, PUF, 1966, chapitre « Un nouveau concept en pathologie, l'erreur », p. 207-218.

ouverts, en état de non-équilibre, maintiennent leur organisation à la fois *en raison* de leur ouverture à l'extérieur et
malgré leur ouverture [1]. Quel que soit le nom qu'on lui donne,
néguentropie, information, improbabilité du système, l'organisation exprime la qualité d'une certaine quantité physique.
Cela seul suffit à distinguer la biologie de la physique, alors
même que la première semble avoir lié son propre destin au
destin de la seconde. Le biologiste ne peut pas ne pas persévérer à utiliser le concept de normalité. Par exemple, une base
nucléique du bagage génétique peut être accidentellement
substituée à une autre. Or, A. Lwoff fait | remarquer que :   **137**

> pour le physicien, même si la mutation est létale, rien n'a
> changé : la charge en entropie négative n'a pas varié ; mais la
> mutation étant létale, l'organisme transformé est alors inca-

---

1. Sans céder à la tentation de signaler comme anticipations des textes
d'autrefois qu'on lit avec des yeux d'aujourd'hui, comment résister au plaisir
de citer deux textes de Cuvier, *Histoire des progrès des sciences naturelles de
1789 jusqu'à ce jour*, 1810 (rééd. 1834) : « La vie est un tourbillon continuel,
dont la direction, toute compliquée qu'elle est, demeure constante, ainsi que
l'espèce des molécules qui y sont entraînées, mais non les molécules individuelles elles-mêmes, au contraire la matière actuelle du corps vivant n'y sera
bientôt plus, et cependant elle est dépositaire de la force qui contraindra la
matière future à marcher dans le même sens qu'elle. Ainsi la forme de ces corps
leur est plus essentielle que leur matière, puisque celle-ci change sans cesse,
tandis que l'autre se conserve, et que d'ailleurs ce sont les formes qui consti-
tuent les différences des espèces, et non les combinaisons de matières, qui sont
presque les mêmes dans toutes » (p. 187). Et encore : « C'est en effet se faire une
idée fausse de la vie que la considérer comme un simple lien qui retiendrait
ensemble les éléments du corps vivant, tandis qu'elle est, au contraire, un
ressort qui les meut et les transporte sans cesse » (p. 210).
    Nommer « tourbillon » la constance d'une forme au sein de ce qu'on
nommerait aujourd'hui « flux d'énergie », n'est-ce pas l'indice d'un sens aigu
de l'originalité du vivant ?

pable de fonctionner normalement et de se reproduire. Il a cessé de vivre (*ibid.*).

Dans le même ordre d'idées, on s'interrogera, avec Léon Brillouin, sur la portée d'une fiction, celle d'un chirurgien génial capable de séparer et de maintenir séparément en vie les organes d'un animal, puis de les assembler au choix, en forme d'être viable ou de monstre promis à la mort :

> L'un ou l'autre de ces assemblages présente la même dose d'improbabilité. La valeur du premier assemblage est supérieure à celle du second. Associerons-nous la définition de la néguentropie totale à l'improbabilité ou bien à la valeur ? Compterons-nous comme équivalents un monstre et un être « bien balancé » ? Il semble que la notion de valeur soit seule adaptée à ce nouveau problème, mais comment saurons-nous la définir correctement ?[1].

* * *

Peut-être accordera-t-on maintenant à l'épistémologue de la biologie la permission d'être réservé, par provision, à l'égard des dogmatismes réductionnistes, lorsqu'il s'éclaire d'une histoire de la biologie libre de tout *a priori* simplificateur et attentive aux différentes manifestations de ce que nous avons proposé de nommer un principe de conservation thématique.

Mais une objection est possible. N'y a-t-il pas eu confusion, dans la recherche et la mise en évidence d'une normalité distinctive des objets biologiques, entre différents niveaux de saisie de ces objets ? Alors que les astronomes, de Herschel à

---

1. *Vie, Matière et Observation*, Paris, Albin Michel, 1959, p. 105.

Hubble, ont révolutionné leur discipline par l'agrandissement inimaginable de son objet, révélant, au-delà du monde solaire, le monde galactique, et au-delà encore, le monde méta-galactique, c'est, au contraire, par la miniaturisation croissante de leurs objets, bactérie, gène, enzyme, que les biologistes ont enfin découvert à quoi tient la vie. Or, les analyses précédentes n'ont-elles pas confondu le niveau des phénomènes perçus ou vécus et le niveau des phénomènes expliqués ? La normalité paraît une propriété des organismes mais | disparaît au niveau **138** des éléments de l'organisation.

On a pourtant cru pouvoir, à tous les niveaux, identifier des structures d'ordre à la fois fiables et faillibles. C'est pour dési-gner cet ordre que le concept de normalité est proposé. C'est là un concept dont on conviendra qu'il est étranger à l'épistémo-logie de la physique. Son usage délimité n'entraîne nullement le refus des bases physico-chimiques de la biologie. Il permet d'éviter l'assimilation, par économie de pensée, de deux problématiques historiques. Dans l'histoire de la biologie les conceptualisations pré-scientifiques des phénomènes d'une normalité de structures et de fonctions chez les êtres vivants, si elles ont été abandonnées dans ce qu'elles contenaient de thèses pseudo-théoriques, ont été prolongées, sous réserve de *déplacement*, dans leur fonction d'index d'une originalité objective. Si la classification périodique des éléments chimi-ques par Mendeleev ne fonde pas *a posteriori* les intuitions de Démocrite, par contre le décodage du programme génétique justifie *a posteriori* les métaphores de Claude Bernard. Même au regard d'une épistémologie unitaire, fût-elle matérialiste, il reste une différence radicale entre la physique et la biologie. La maladie et la mort de ces vivants qui ont produit la physi-que, parfois en risquant leur vie, ne sont pas des problèmes de physique. La maladie et la mort des vivants physiciens et biologistes sont des problèmes de biologie.

Entre les bactéries de culture d'une part, et les biologistes qui observent leur vie en laboratoire d'autre part, s'intercalent toutes les formes de vivants auxquels l'ordre de la vie et le filtre de la sélection ont imposé l'existence. Ces vivants vivent leur vie en référence spontanée à certaines exigences de comportement ou normes d'adaptabilité. L'interrogation sur le sens vital de ces comportements ou de ces normes, bien qu'elle ne relève pas directement de la physique et de la chimie, fait, elle aussi, partie de la biologie. Comme l'a fait remarquer Marjorie Grene, il y a place, en biologie, à côté de biochimistes, pour un Buytendijk ou un Kurt Goldstein[1]. L'histoire de la biologie doit permettre d'en convenir.

139 | Cet exposé avait pour fin de montrer comment la philosophie peut tenter d'intervenir dans la position d'une problématique historique, celle qui concerne la biologie. On peut estimer qu'il n'y a pas réussi. Mais il avait aussi pour fin de contester l'opinion selon laquelle toute recherche de cette sorte est une complication inutile. L'auteur soutient que la fonction propre de la philosophie est de compliquer l'existence de l'homme, y compris l'existence de l'historien des sciences.

---

1. *Approaches to a Philosophical Biology*, New York-London, Basic Books, Inc. Publ., 1965.

RÉFÉRENCES DES ÉTUDES RÉUNIES
DANS LE PRÉSENT RECUEIL

1. *Rôle de l'épistémologie dans l'historiographie scientifique contemporaine*

Cette étude est l'original français du texte publié en italien sous le titre « Il ruole de l'epistemologia nella storografia scientifica contemporanea », *Scienza e Technica* 76, Annuario della Enciclopedia della Scienza e della Technica, Milan, Mondadori, 1976, p. 427-436.

2. *Qu'est-ce qu'une idéologie scientifique ?*

Conférence donnée en octobre 1969, à Varsovie et à Cracovie, dans l'Institut d'Histoire de la Science et de la Technique auprès de l'Académie Polonaise des Sciences. Elle a été publiée dans la revue *Organon*, n° 7, Varsovie, 1970.

3. *Une idéologie médicale exemplaire : le système de Brown*

Cette étude est la reprise et le développement d'une courte communication au XIIIᵉ Congrès International d'Histoire des

Sciences, à Moscou (18-24 août 1971), sous le titre « John Brown (1735-1788). La théorie de l'incitabilité de l'organisme et son importance historique ». Cette communication a été publiée dans les *Actes du Congrès*, section 9 (Moscou, 1974).

4. *L'effet de la bactériologie dans la fin des « théories médicales » au XIXe siècle*

Conférence donnée en avril 1975 à l'Université Autonome de Barcelone, dans l'Institut d'Histoire de la Médecine, dirigé par le Professeur Felipe Cid.

141 | 5. *La formation du concept de régulation biologique aux XVIIIe et XIXe siècles*

Communication au Colloque du Collège de France, en décembre 1974 « L'idée de régulation dans les sciences contemporaines », organisé par MM. André Lichnerowicz, Jacques Lions, François Perroux, Gilbert Gadoffre. Cette communication a paru, alors que le présent recueil était en cours d'édition, dans les Actes du Colloque, *L'idée de régulation dans les sciences* (Maloine-Doin, Paris, 1977). Mais le texte est ici augmenté de la dernière partie sur l'avance conceptuelle de la physiologie allemande, et quelques références lui ont été ajoutées.

6. *Sur l'histoire des sciences de la vie depuis Charles Darwin*

Rapport lu dans la séance inaugurale du XIIIe Congrès International d'Histoire des Sciences, à Moscou (18-24 août 1971). Ce texte n'a pas été publié dans les Actes du Congrès, mais il a été distribué sur place aux participants sous forme de brochures, en français et en russe.

7. *La question de la normalité dans l'histoire de la pensée biologique*

Cette étude, dont le sujet m'avait été proposé, est le texte, revu et partiellement modifié en vue de la présente publication, d'une Communication au Colloque de Jywäskylä (Finlande) organisé en juin-juillet 1973, par les Divisions d'Histoire et de Philosophie de l'Union Internationale d'Histoire et de Philosophie des Sciences.

INDEX DES NOMS

TABLE DES MATIÈRES

Achevé d'imprimer en août 2023

La Manufacture - *Imprimeur* – 52200 Langres – Tél. : (33) 325 845 892
Imprimé en France – N° : 230576 – Dépôt légal : juillet 2009